经济管理学术文库·管理类

贸易上游度与出口产品质量：
理论机制与实证分析

The Upstream Degree of Trade and
the Quality of Export Products:
Theoretical Mechanism and Empirical Analysis

唐青青／著

经济管理出版社
ECONOMY & MANAGEMENT PUBLISHING HOUSE

图书在版编目（CIP）数据

贸易上游度与出口产品质量：理论机制与实证分析 /
唐青青著. -- 北京：经济管理出版社，2024.4
　　ISBN 978-7-5096-9695-8

　　Ⅰ．①贸…　Ⅱ．①唐…　Ⅲ．①出口产品 - 产品质量 -
研究 - 中国　Ⅳ．①F752.62

中国国家版本馆 CIP 数据核字（2024）第 091642 号

组稿编辑：张巧梅
责任编辑：张巧梅
责任印制：黄章平
责任校对：王淑卿

出版发行：经济管理出版社
　　　　　（北京市海淀区北蜂窝 8 号中雅大厦 A 座 11 层　100038）
网　　　址：www. E-mp. com. cn
电　　　话：(010) 51915602
印　　　刷：唐山昊达印刷有限公司
经　　　销：新华书店
开　　　本：720mm×1000mm/16
印　　　张：12.25
字　　　数：191 千字
版　　　次：2024 年 7 月第 1 版　　2024 年 7 月第 1 次印刷
书　　　号：ISBN 978-7-5096-9695-8
定　　　价：88.00 元

前　言

　　近年来，"新格局"和"稳发展"已成为我国经济发展的关键词。随着劳动力成本上升和国际竞争形势的加剧，我国凭借价格优势快速释放的改革开放红利正在逐步收敛，"低价高量"的出口模式即将面临淘汰。面对新考验需赋予新方法，才能稳中求胜。出口产品质量提升是转变外贸增长方式和优化出口产业结构的核心途径，追求"低价高质"才是新时期提高贸易竞争力，实现新一轮外贸驱动经济高质量发展的关键。对出口产品质量提升路径的研究并不少见，包括需求、供给、资本、政策、贸易自由化等多个视角，然而却相对忽略了全球价值链分工的直接影响效应研究视角。

　　在经济全球化背景下，国际垂直专业化分工和外包贸易发展实现了贸易一体化和生产非一体化的全球价值链利益分工模式，发展出口贸易必然融入全球产业链分工中。全球价值链的促进效应无疑为我国出口贸易的发展带来历史机遇。2020年，我国进出口贸易总额突破4.6万亿美元，占据14.7%的国际市场份额，货物与服务贸易总额均跃居全球第一。然而，一方面，凭借要素成本优势的低端嵌入模式，势必会为我国对外贸易的可持续发展带来隐患；另一方面，发达国家借此向中国输入先进生产设备和高质量关键零部件，导致我国本土企业产生外生技术依赖，遭遇价值链嵌入俘获效应。由此，全球价值链具有的"双刃剑"特征使企业嵌入全球价值链会如何影响产品质量成为亟须探讨的课题。

生产环节的高度细化使企业同时嵌入出口和进口市场产业链条中，有限的文献虽也聚焦全球价值链视角，研究企业参与产业链分工对出口产品质量的作用机理，却忽略了企业嵌入出口和进口市场分工的差异性。鉴于此，本书以现有文献为支撑，以国际分工理论、网络嵌入理论为基础，基于贸易上游度视角，从出口上游度、进口上游度和贸易上游度距离三个层面，对企业嵌入出口市场、进口市场和国内市场进行全面且兼具差异性的出口产品质量升级路径研究。具体地，将贸易上游度纳入 Dixit-Stiglitz 垄断竞争框架内，并结合理论分析提出命题假设。同时，应用中国工业企业数据库和海关数据库对本书所提出的命题假设进行详细、严谨的定量检验。

　　本书主要结论有：第一，通过描述性分析以及对比其他国家可以发现，我国整体制造业上游度水平较高，且具有继续沿链条向上移动的趋势。而整体上出口产品质量仍处于中下游位置，制造业出口产品质量亦呈现较大幅度曲折上升趋势。第二，贸易上游度显著影响企业出口产品质量，其中企业出口上游度通过劳动力和中间品投入规模效应、进口产品种类、产品质量以及产品技术溢出效应提高企业全要素生产率，实现出口产品质量升级。进口上游度与制造企业出口产品质量呈倒 U 型关系，主要通过进口产品种类效应、技术溢出效应、企业全要素生产率和研发效率，影响制造业企业出口产品质量。贸易上游度距离亦通过增加固定资产投资强度、提高企业全要素生产率和缓解企业融资约束促进制造企业出口产品质量升级。第三，企业出口上游度、进口上游度和贸易上游度距离作用效用均具有企业贸易方式、所有制和技术类型的差异性。第四，基于上游度指数的行业数据特征，将微观数据加总为地区—行业层面中观数据，出口上游度和贸易上游度距离主要通过资源再配置效应促进地区—行业出口产品质量升级，而进口上游度对地区—行业出口产品质量的影响表现为抑制效应。

目　录

第1章　绪论

1.1　研究背景与意义

改革开放是我国走出国门、对外贸易高速发展的历史契机。如图1-1所示，1999~2019年我国进出口贸易总额实现快速增长，2013~2014年，我国对外贸易总额依次超越美国和欧盟经济体，成为世界第一大货物贸易国后，出口贸易规模仍持续扩大，彰显大国优势。凭借劳动力成本优势和资源优势，我国在国际贸易中发挥愈加重要的作用，成为国际公认的"世界工厂"。然而，与我国快速膨胀的贸易总量相比，出口产品是否真正达到"物美"的标准？对此，在图1-1中加入我国1999~2019年全球竞争力排名数据，可知在1999~2019年我国全球竞争力排名在26~54位内波动，1999~2006年排名一直在32位之后，2006年之后排名由54位上升至2011年的26位，2012年下降三位，直至2019年，持续保持在27~28位。在贸易数量和质量的对比之下，发现我国进出口贸易发展依然存在"多而不强"的现象。

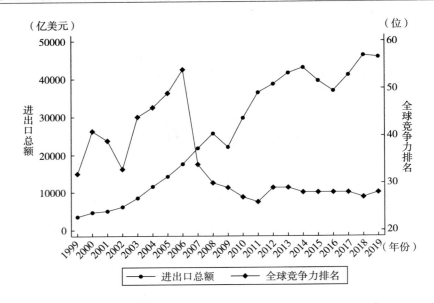

图 1-1   1999~2019 年中国进出口总额和全球竞争力排名变化趋势

资料来源：进出口总额数据来自于 2000~2020 年《中国统计年鉴》；全球竞争力排名来自于 1999~2019 年世界经济论坛（WEF）公布的《全球竞争力报告》。

　　然而，在国际复杂竞争环境和国内生产要素攀升双重压力下，我国"贸易大国"地位受到威胁。后金融危机时代，为了维护本国核心利益，发达国家陆续出台政策推进"再工业化"战略，如美国的《制造业促进法》、日本的《制造业白皮书》、英国的"重振制造业战略"等。同时，中美自 2018 年底开始的贸易摩擦和 2020 年突发的全球范围的新冠疫情更是直接影响了世界经济的联动，国际贸易问题一触即发。2015 年之后，我国经济发展速度放缓进入新常态时期，要素禀赋优势亦发生相应变化。优化中国产业结构，促进贸易质量提升，实现中国制造从重数量到重质量的转变，成为我国在现代国际分工贸易中突出重围，实现新一轮经济增长的关键。

　　那么，如何实现我国"贸易强国"目标？对这一问题的解答避不开对全球价值链分工模式的讨论。国际分工格局伴随着全球经济一体化进程的加快逐步深化，将世界范围内的国家和地区囊括其中，形成全球价值链条和网络。因此，我国对外开放的过程亦是不断深度嵌入全球价值链的过程。适度嵌入全球价值链可通过进口中间品方式，以较低成本获得较高质量要素投入，并通过学习效应和知识溢出效应提高出口产品质量（Frisch 等，2015）。但是发展中国家参与产业链分工，虽然在一定程度上实现了技术升级，但更多地表现为被动接受立场，属于发展的外因（Halpren 等，2015），而价值链"俘获效应"会使企业内生研发能力受阻，不利于出口产品质量升级。适度嵌入全球价值链是否能够提高一国对外贸易竞争力，学术界并没有达成统一认知，因此成为本书的研究聚焦点。

鉴于以上的贸易和经济背景，基于贸易上游度视角，研究我国制造业出口产品质量发展是具有较大理论意义和实践意义的。一方面，从理论意义上来讲，近年来的国际贸易问题研究中，学者们采用最前沿的新新贸易理论构建异质性企业理论和数学模型，不断地完善和拓展新新贸易理论的理论体系、框架和研究广度，但受限于微观数据获取难度、精准性及研究的有限性，整个理论的逻辑架构仍然不够全面，需要进一步的深化和补充。目前来看虽然出口产品质量已经成为近年来研究的热点之一，但基于贸易上游度视角，直接研究二者之间关系的文献相对较少，存在一定的研究缺口。本书研究不仅是当前异质性企业贸易理论发展的前沿方向，更是对现有出口产品质量问题理论与实证研究的进一步拓展和完善。另一方面，从实践意义上来讲，我国40多年的对外贸易飞速发展皆得益于改革开放的红利和人口、资源要素禀赋优势。然而时代变迁，劳动力成本随着经济水平的提高亦呈现不断提升的趋势，加之国内资源、环境因素的限制以及国际日益复杂多变的贸易形式，低价贸易模式已不适应现代贸易环境。重视"质量"升级，提高产品生产率、制作精度和技术含量成为稳固国际地位，实现我国国际贸易可持续发展的关键。同时，产品生产分工的不断细化使企业对外贸易的异质性更多地体现在产业链嵌入的程度和位置上，而不再是企业出口行为的片面角度，且企业是一国出口和进口贸易的主体，国际贸易方式对企业生产技术和产品质量的影响更加复杂。那么想要深度探究我国制造业出口产品质量的提升路径，就需聚焦企业参与全球产业链的分工细节，从出口上游度、进口上游度和贸易上游度距离三个视角出发进行验证。因此，本书研究为完善我国对外贸易措施、寻求我国进出口贸易新动力提供理论和经验借鉴。

1.2　研究目的与内容

本书旨在从上游度视角探究制造业企业嵌入全球产业链分工的模式和效应，探寻企业出口产品质量升级的新途径。主要包括以下三方面研究内容：

（1）建立贸易上游度影响出口产品质量的理论模型。为了充分体现企业在产业链中的生产阶段和出口产品质量的关系，首先，本书在国际分工理论、网络嵌入理论的基础上，考虑企业嵌入出口市场和进口市场差异性的前提下，将出口上游度和进口上游度纳入 Dixit-Stiglitz 垄断竞争框架内，推导出口上游度和进口上游度影响企业出口产品质量的数学证据。同时，进一步以进口和出口上游度差值引入贸易上游度距离，构建同质产品和差异性产品生产的产业链模型，从理论上提出出口上游度、进口上游度和贸易上游度距离影响企业出口产品质量的三大命题。其次，结合数理模型推导结果，依据现有文献研究和理论基础，分析出口上游度、进口上游度和贸易上游度距离影响企业出口产品质量的作用机理。总体来说，本书从理论上分析了企业嵌入出口市场、进口市场和国内市场的作用效应，为我国企业出口产品质量升级寻求新的途径。

（2）基于计量模型的微观面板数据的实证分析和检验。结合理论分析结果，本书对贸易上游度与出口产品质量关系研究体现在以下三个层面：一是出口上游度对企业出口产品质量的影响；二是进口上游度对企业出口产品质量的影响；三是贸易上游度距离对企业出口产品质量的影响。具体分别从出口市场、进口市场和国内市场角度检验企业上游度水平的作用效应，并对其作用机理、异质性以及中观层面影响等进行详细实证检验。同时考虑到进口产品作为要素投入的特征，检验了地区要素流动对进口上游度作用效用的影响。

（3）基于高质量发展理念探寻提高对外贸易竞争力的可行路径。根据本书理论分析和实证检验结果，高质量发展离不开高水平对外开放、自主创新和国内产业链完善。结合数据验证和现实发展，从多角度提出企业出口产品质量升级的可行性政策建议。

为了保证研究内容的全面性和逻辑性，本书整体框架共包括八个部分，第 1 章绪论，介绍本书的研究背景与意义、研究目的与内容、研究思路与方法、研究框架以及创新点。第 2 章文献综述，分别对出口产品质量测算、发展状况和影响效应以及贸易上游度和出口产品质量理论背景、影响因素和作用效应相关文献进行归纳总结。第 3 章我国贸易上游度水平与出口产品质量发展现状，采用世界投入产出数据和 CEPII 数据库测算各国上游度水平和出口产品质量，对我国贸易上游度和出口产品质量水平的发展现状进行对比分析，总结主要特征。第 4 章理论分析，以国际分工理论和网络嵌入理论为基础，构建贸易上游度影响企业出口产品质量的数理模型和机制，提出命题和假设。第 5~7 章为全书主体部分，利用工业企业微观数据进行深入的实证检验，量化贸易上游度对企业出口产品质量的微观影响机理，对理论研究命题和假说进行经验分析。第 8 章结论和政策建议，基于理论分析和实证检验结论，为提高企业国际贸易竞争力和我国经济高质量发展水平提出相关政策建议，同时依据本书研究局限提出下一步研究展望。本书的研究框架如图 1-2 所示。

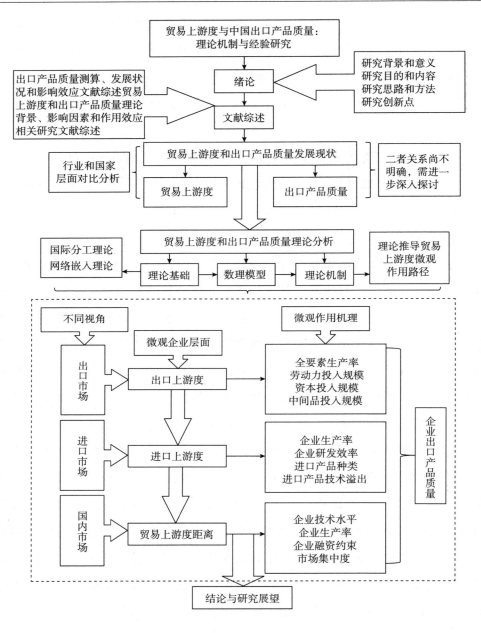

图1-2 本书的研究框架

1.3 研究思路与方法

本书试图从贸易上游度视角寻找企业出口产品质量提升路径，并运用工业企业微观数据进行实证检验，且主要遵循"文献综述—现状分析—理论机制—实证检验—可行性政策"的研究思路。首先对出口产品质量测算、实证检验以及贸易上游度和出口产品质量相关研究进行梳理，特别是贸易上游度作用效应和出口产品质量影响因素相关文献的梳理和述评。其次测算国家、行业层面上游度和出口产品质量指标并进行国际对比分析，了解目前我国行业上游度和出口产品质量的发展脉络和现状。再次通过构建数理模型从理论上分析出口上游度、进口上游度和贸易上游度距离对企业出口产品质量的影响。同时，运用微观面板数据，对理论分析提出的命题假设进行验证。最后得到研究结论、提出相应政策建议和研究展望。具体研究方法如下：

（1）规范分析和实证分析相结合。基于文献综述，对贸易上游度—出口上游度、进口上游度及贸易上游度距离影响企业出口产品质量的微观机制进行规范分析，提出可能影响制造业企业出口产品质量的理论依据，并据此提出可能的理论假说，以待后续验证。随后应用 2000~2013 年中国工业企业数据库、海关数据库以及世界投入产出表，参考已有文献研究并基于理论分析结果构建计量模型，回归分析贸易上游度与我国制造业企业出口产品质量是否存在关系，以验证假设的正确性，并进一步探究其微观作用机制，深入理解企业进口上游度、出口上游度以及贸易上游度距离变动对出口产品质量的影响。此种研究方法归根结底是理论研究和实证研究的结合，可使本书研究更加完整和系统化，又能够显示本书研究结论的严密性、可靠性和准确性，既有理论的基础又兼具实证的严谨。

（2）定性分析和定量分析相结合。在文献梳理的基础上，阐述贸易上游度对中国出口产品质量的影响机理时，需要运用定性分析法对其进行归纳和推断。而定量分析法主要表现在指标的测度和分析上，本书中主要体现在第3章。定性和定量分析的结合能够使本书研究对象更加明晰，为后文的实证分析和结论总结打下基础。

（3）数理统计分析法。数理统计分析的研究方法主要体现在使用数据库的数据筛选、清洗和匹配上，在本书贸易上游度对中国出口产品质量影响的研究中，由于使用的中国工业企业数据库存在数据缺失和历年数据合并问题，以及中国海关数据库的庞大初始数据与世界投入产出数据矩阵形式的排版和测算问题，因此，数理统计分析法是必要的统计分析方式。

（4）比较分析法和综合分析法相结合。此方法更多地体现在本书的第5~7章的实证分析部分，表现为对总样本和分样本的回归分析中。在对总样本进行实证分析的基础上，为了突出企业异质性、地区异质性等对贸易上游度和出口产品质量影响关系的影响，需要对比分样本实证结果的差异性。

1.4　研究创新点

本书借鉴现有关于全球价值链与出口产品质量的相关理论和实证研究，从理论上探讨了贸易上游度影响中国企业出口产品质量的作用机制，并运用中国工业企业数据库、海关进出口数据库的微观数据对此进行了实证检验。本书可能的创新之处如下：

（1）在研究视角上，本书基于贸易上游度视角，聚焦企业嵌入出口市场、进口市场和国内市场分工差异性，研究企业出口产品质量的影响效应。本书以国际分工理论和网络嵌入理论为基础，测度出口上游度、进口上游度和贸易上游度距离指标，系统研究贸易上游度影响企业出口产品质量的微观作用渠道，拓宽了价值链分工微观效应的研究边界。以往研究中虽有涉及企业嵌入全球价值链对产品质量的影响研究，但一是指标测度方法选择不同；二是仅关注整体，缺乏对企业面对不同市场类型的差异性探究。

（2）在理论方面，本书通过构建数理模型和逻辑推演考察了贸易上游度对出口产品质量的影响效应和机制，并在此基础上提出研究命题和假设。本书将出口上游度、进口上游度和贸易上游度距离纳入 Dixit-Stiglitz 垄断竞争框架内，并结合理论分析提出命题假设。已有文献虽尝试将中间品进口等纳入异质性企业框架，但尚缺乏对贸易上游度的数据模型构建。本书基于现有文献，将劳动单一要素拓展为劳动和技术双要素投入的垄断竞争框架，构建包含出口产品质量和出口上游度、进口上游度的消费者需求函数和生产函数，推导得出出口上游度、进口上游度和贸易上游度距离影响出口产品质量的数学证据，结合理论分析提出本书重要的命题假设，为后续实证检验和政策提供理论基础。

（3）在计量方法上，本书考虑了贸易上游度的内生性问题，并构造了合适的工具变量。在实证分析过程中，对回归中可能存在的内生性问题和样本中常出现的样本选择偏误问题，以及通过选择企业距离港口的最近距离作为工具变量和严格的两阶段选择模型进行修正，均实现了有效控制和验证，以此保证实证结果的稳健性和严谨性。同时在进行全样本回归的基础上，还考虑到不同样本的特殊性可能会存在估计结果的差异性，比如企业所在区域、企业贸易方式、企业技术水平差异等，对企业出口产品质量回归必然出现不同结果，且指标测算方法的不同亦会使结果产生误差，以上本书皆有考虑到并进行检验。

（4）在研究主体上，本书考虑到贸易上游度数据特征，进一步从行业层面考察贸易上游度对地区—行业出口产品质量的影响，使研究更为稳健和全面。本书通过对地区—行业出口产品质量变动进行分解，探究企业间效应、企业内效应、企业进入效应和退出效应以及资源再配置效应对地区—行业出口产品质量的贡献度差异性，并进一步对出口上游度与不同分解效应之间的关系进行实证分析。

第 2 章　文献综述

分析贸易上游度对我国出口产品质量影响，首先需理清相关文献脉络，为本书研究奠定理论基础。鉴于此，本章对文献的梳理和评述主要包括以下内容：一是分析出口产品质量测度文献，确定符合本书研究的测度方式；二是梳理出口产品质量发展和影响效应相关文献，为下一步贸易上游度与出口产品质量关系研究和作用机制分析奠定基础；三是理清贸易上游度对出口产品质量的影响相关文献，包括贸易上游度的测算、贸易上游度与国际贸易相关问题关系等，在已有文献研究基础上寻找研究空白，彰显本书研究的重要性和必要性。最后对现有文献研究进行简短述评。

2.1　相关概念界定

2.1.1　贸易上游度概念界定

2.1.1.1　上游度概念和测度

上游度是全球价值链分工的一种度量方法，表现为某一行业在价值链条中的相对位置。全球价值链分工使发达国家和发展中国家凭借比较优势参与产品生产不同阶段，此国际分工新形式的出现亦使其成为学术界研究热点。为了更明确研究全球价值链作用，已有文献从垂直专业化指标、附加值贸易指标、出口技术复杂度指标等，衡量全球价值链分工程度、一国在价值链条中的贸易利得、一国国际分工程度等。2011 年，Fally 提出一种运用产品到最终消费端的距离指数衡量价值链长度的方法，并计算了产品在生产完成后距离最终消费端的生产阶段数目，是上游度指标最早的概念雏形。2012 年 Antras 正式界定上游度衡量的是某一行业产品到达最终消费品的平均距离。行业上游度值越大，其距离产品的最终消费端越远，处于产业链条的上游环节，即表明此行业主要从事中间产品生产。其中二者的测算方法虽有差别，但结果是一致的。

上游度计算的基本思想是先将价值链上的不同"位置"量化为与最终消费者之间经历的生产步数，然后用行业流向价值链的不同位置的产值作为权重，计算行业在价值链上位置的加权平均值。具体地，假定在封闭经济中，一个国家（地区）各个行业不存在存货行为，那么行业总产出 Y_i 包括最终使用产出 F_i 和中间投入 Z_i，可表述为如下公式：

$$Y_i = F_i + Z_i = F_i + \sum_{j=1}^{n} d_{ij} Y_j \tag{2-1}$$

其中，i、j 均为具体行业，d_{ij} 为直接消耗系数，表明行业 j 生产一单位产品所使用的行业 i 的产值。Z_i 可进一步表示为如下多项之和：

$$Z_i = F_i + \sum_{j=1}^{N} d_{ij} F_j + \sum_{j=1}^{N} \sum_{k=1}^{N} d_{ik} d_{kj} F_j + \sum_{j=1}^{N} \sum_{k=1}^{N} \sum_{l=1}^{N} d_{ik} d_{kl} d_{lj} F_j + \cdots \tag{2-2}$$

由式（2-2）的加权平均值可得出每个行业在生产链中的分工位置，从而得到单一行业的上游度指数如下：

$$U_i = 1 \times \frac{F_i}{Y_i} + 2 \times \frac{\sum_{j=1}^{N} d_{ij} F_j}{Y_i} + 3 \times \frac{\sum_{j=1}^{N} \sum_{k=1}^{N} d_{ik} d_{kj} F_j}{Y_i} + 4 \times \frac{\sum_{j=1}^{N} \sum_{k=1}^{N} \sum_{l=1}^{N} d_{ik} d_{kl} d_{lj} F_j}{Y_i} + \cdots$$

$$\tag{2-3}$$

在式（2-3）的基础上，可改写成比较明了的矩阵表达式：

$$U_i = F + 2DF + 3D^2F + 4D^3F + \cdots = [I-D]^2F \tag{2-4}$$

其中，U 是 N 个行业的上游度列矩阵，D 是 $N \times N$ 矩阵，由第 (i, j) 元素 d_{ij} 构成。F 是最终使用列矩阵，所包含的元素为 F_i。根据矩阵公式 $Y = F + DF + D^2F + D^3F + \cdots = [I-D]^{-1}F$，因此式（2-4）又可写成 $U = [I-D]^{-1}Y$，由里昂惕夫逆矩阵和产出列矩阵组成。Antras 假定是在封闭条件下，在实际计算过程中应该对 $U = [I-D]^{-1}Y$ 作出一定的开放经济下的修正，将 D 中元素乘以 $\dfrac{Y_i}{Y_i - X_i + M_i}$，其中 X_i、M_i 分别表示行业 i 的出口和进口。

U_i 即为 i 行业上游度指数，且 $U_i \geq 1$。上游度指数表示行业在生产链中的相对位置，其值越大，距离链条最终消费端越远，处于生产链相对上游位置，反之则处于相对下游位置。

2.1.1.2　贸易上游度内涵和测度

在生产环节高度分散化的背景下，企业既是中间品进口者又是最终品出口者，研究企业的贸易行为就不是单一的出口行为或进口行为，而是出口和进口的总体行为。相应地，贸易上游度亦包含出口上游度和进口上游度两个部分。基于此，本书借鉴沈鸿等（2019）研究界定贸易上游度概念和测度①如下：

（1）出口上游度概念界定和测度。根据上游度概念，企业出口上游度界定为企业出口产品到达最终消费品的平均距离，即企业出口产品更多作为中间品投入还是作为最终品消费。出口上游度越高，则企业出口产品与最终使用之间的距离越远，即企业倾向于出口中间品。

运用中国海关数据库包含的企业名称、企业出口产品种类、产品出口额度和年份等指标，将世界投入产出表行业分类匹配到海关数据的 HS6 分类，将行业上游度加权到微观层面，测算得出企业出口上游度，公式如下：

$$U_{eft} = \sum_{i=1}^{n} \frac{ex_{ift}}{EX_{ft}} \cdot U_i \tag{2-5}$$

---

　　① 沈鸿，向训勇，顾乃华．全球价值链嵌入位置与制造企业成本加成——贸易上游度视角的实证研究［J］．财贸经济，2019，40（8）：83-99.

其中，U_{eft} 为 t 年 f 企业出口上游度（syd），U_i 为 i 行业上游度指数，ex_{ift} 为 t 年 f 企业在行业 i 的产品出口额，EX_{ft} 为 t 年 f 企业总出口额。

（2）进口上游度概念界定和测度。根据上游度概念，企业进口上游度界定为企业进口产品到达最终消费品的平均距离，即企业进口产品是作为中间品参与生产还是作为最终品直接投入市场。进口上游度越高，企业进口产品与最终使用之间的距离越远，即企业倾向于进口中间品。

同样地，类似式（2-5）测算企业进口上游度公式如下：

$$U_{mft} = \sum_{i=1}^{n} \frac{im_{ift}}{IM_{ft}} \cdot U_i \tag{2-6}$$

其中，U_{mft} 表示 t 年 f 企业进口上游度（jsyd），U_i 表示 i 行业上游度指数，im_{ift} 表示 t 年 f 企业在行业 i 的产品进口额，IM_{ft} 表示 t 年 f 企业总进口额。

为了更好理解贸易上游度的内涵，在此设定一家企业 A，将生产链条分布在 ［0，1］ 上进行生产，0 指代的是产品原材料，1 指代的是最终消费品，如图 2-1 所示。假设 A 企业参与国际分工，在整个产业链中进口 s1 生产环节产品，并出口 s2 生产环节产品，那么根据概念，（1-s1）的值表示 A 企业的进口上游度，（1-s2）的值表示出口上游度。本书对出口上游度和进口上游度两个层面效应的研究就是分析（1-s1）和（1-s2）数值的变化对 A 企业出口产品质量的影响。

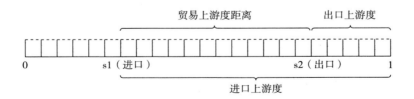

图 2-1 贸易上游度的内涵

（3）企业贸易上游度距离概念界定和测度。由图 2-1 可知，本书基于出口上游度和进口上游度两个层面的讨论并没有考虑 s1 到 s2 距离变动对 A 企业出口产品质量的影响效应。一方面，从经济含义上讲，s1 到 s2 距离（进口上游度减去出口上游度）刻画了企业出口产品的国内生产环节的多少，亦衡量了企业全球价值链的参与长度。另一方面，对其作用效应的研究，与我国打造国内完整产业链、强大国内市场等发展方向较为契合，具有一定的现实意义。因此，本书借鉴沈鸿等（2019）研究引入贸易上游度距离指标，即进口上游度和出口上游度的差值，进一步提高本书研究的完整度。

综上所述，贸易上游度距离表现为进口上游度和出口上游度的差值，刻画的是企业出口产品的国内生产环节的多少。在出口上游度固定时，进口上游度提高意味着企业进口产品更接近生产链的上游，为了生产和出口同样的最终消费品，企业需要在国内完成更多的生产、加工、组装环节，延长国内生产链长度。因此，贸易上游度距离增加的经济含义即为企业国内生产链长度延伸和全球价值链参与长度增加。

基于式（2-5）和式（2-6），测算贸易上游度距离公式如下：

$$dplv_{ft} = U_{mft} - U_{eft} \qquad (2-7)$$

其中，U_{eft} 为出口上游度，U_{mft} 为进口上游度，$dplv_{ft}$ 为贸易上游度距离。

结合以上论述，本书对贸易上游度和出口产品质量关系的论述主要从出口上游度、进口上游度与贸易上游度距离三个层面展开，系统地关注企业嵌入出口市场、进口市场以及国内市场分工的差异性效应。

2.1.2 出口产品质量概念界定

质量管理学将质量定义为主观上满足消费者需求的特性和客观上产品固有的特性的总和（Shewhart，1931）。Crosby（1979）提出质量代表的并不是产品的好坏，而是是否符合要求，符合要求的产品代表具有好的质量。Juran（1979）亦指出，质量强调的是产品的适用性，即能够满足消费者需求目的的程度越高，其质量就越高。田口玄一（1983）则从社会损失角度对质量进行定义，认为质量可以看作是商品进入市场后，其自身功能所造成的社会损失：比如产生的故障越少、耗电量越少、能够使用的时限越长，对消费者造成的损失就相对较少，质量也就越高。质量是建立在消费者使用感受基础之上的，并根据消费者的需求进行调整（Feigenbaum，1983）。Garvin（1984）列出测度质量好坏的八个指标，分别为产品性能、产品可靠性、产品一致性、产品耐久性、产品维修性、产品美观性、产品特色和产品中无形感知到的其他指标。

经济学中对"质量"的定义相对较晚，主要是从消费者角度所下的定义。Lancaster（1966）以产品性能代指产品质量，将其定义为满足消费者选择偏好的程度。亦有从消费者需求角度，认为产品质量是消费者消费区间产品效用的加权平均值（Aw & Roberts，1986；Boorstein & Feenstra，1987）。Aiginger（2001）则认为高质量产品的评定标准在于产品中存在一种或多种特性，使得消费者认为有价值，并且愿意为之付出成本。即产品质量来源于自身存在的对消费者具有吸引力的特性，这种特性体现在产品生产设计的全部环节（Kuhn & Mcausland，2008）。同时，国际标准化组织明确指出产品质量是"反映实体满足明确和隐含需要的能力和特征"，指出产品质量包括两个层面：一是外观质量，即产品的颜色、样式等；二是内在质量，即产品的性能、使用寿命、安全保障等。总的来说，产品质量是能够满足消费者选择偏好，具有其他产品不可替代的重要性特征的表现。

综上所述，本书出口产品质量主要考查的是出口产品的内在质量，已有研究运用产品单位价格和技术水平等对其衡量，存在一定误差。在此采纳需求反推法思想，若产品单位价格相同的情况下，某一产品出口数量越高，就表明这一产品质量越高。基于此，具体测度如下：

借鉴企业产品质量异质性模型框架。假设在市场中，代表性消费者效用遵循 CES 函数，那么消费者效用函数如下：

$$U = \left[\int_{g \in G} (\lambda_g q_g)^{\frac{\sigma-1}{\sigma}} d_g \right]^{\frac{\sigma}{\sigma-1}} \tag{2-8}$$

其中，g 表示产品种类，为了便于计算，假设每一个企业只出口一种产品；

G 表示产品种类集合；λ_g 表示 g 产品质量；q_g 表示 g 产品数量；σ（$\sigma>1$）表示产品间替代弹性。式（2-8）中对应的价格指数为：

$$P=\int_{g\in G}p_g^{1-\sigma}\lambda_g^{\sigma-1}dg \tag{2-9}$$

则消费者对产品 g 的需求为：

$$Qg=p_g^{-\sigma}\lambda_g^{\sigma-1}\frac{E}{P} \tag{2-10}$$

其中，E 表示消费者支出，P 表示价格指数。加入进口国 m 和时间 t，对其两边取对数为：

$$\ln Q_{gmt}=\chi_{mt}-\sigma\ln p_{gmt}+\mu_{gmt} \tag{2-11}$$

其中，$\chi_{mt}=\ln E_{mt}-\ln p_{mt}$ 表示进口国—时间固定效应虚拟变量，随时间和进口国变化。$\ln p_{mt}$ 为产品价格，$\mu_{gmt}=(\sigma-1)\ln\lambda_{gmt}$ 用于测度出口产品质量。对公式（2-11）直接回归，一方面会忽视产品种类多样化特征，Khandelwal（2010）认为产品种类是市场规模的函数，需引入企业各省份实际 GDP 参与式（2-11）回归。另一方面产品单位价格与产品质量存在相关性，则产生了内生性问题。参考施炳展和邵文波（2014）做法，选取同一产品出口到其他国家平均价格作为该产品价格的工具变量，对式（2-11）回归。运用海关数据库，提取出口数量、出口额指标，对式（2-11）回归定义质量如下：

$$quality_{gmt}=\ln\hat{\lambda}_{gmt}=\frac{\hat{\mu}_{gmt}}{(\sigma-1)}=\frac{\ln Q_{gmt}-\ln\hat{Q}_{gmt}}{(\sigma-1)} \tag{2-12}$$

借鉴施炳展和邵文波（2014）研究分析，取 $\sigma=3$。对式（2-12）进行标准化处理：

$$rquality_{gmt}=\frac{quality_{gmt}-\min quality_{gmt}}{\max quality_{gmt}-\min quality_{gmt}} \tag{2-13}$$

式（2-13）质量标准化指标在 [0，1]，不具有测度单位，可进行加总分析、跨期以及横截面比较分析。

2.2 出口产品质量的测度方法文献综述

出口产品质量量化是实证研究的基础，随着新贸易理论、新新贸易理论的发展完善以及微观数据的可得性，出口产品质量实证研究亦逐步从国家、行业层面细化到微观企业层面。在研究出口产品质量影响因素和升级路径之前，先对出口产品质量指标测算方法进行述评，以选择较为合适的测算方式，尽量降低因测量误差而可能造成的回归结果偏误。

2.2.1 单位价值法

单位价值法是较早作为度量出口产品价值的指标，此方法的度量是运用进出口贸易数据，计算产品出口总价格除以产品出口总数量的值得出的。单位价值法具有现实的合理性，一般来讲，市场上相同的产品，质量越高代表投入成本越高，价格就越高；质量越低，则价格相对较低。产品质量与价格存在正相关关系（Chen，2007；Zheng，2009），Flam 等（1987）曾运用出口价格作为出口产品质量代理变量，对发达国家和发展中国家的出口产品质量水平进行比较分析。但是在产品生产、营销等过程中，单纯的产品出口价格会受到要素投入等成本、广告宣传费用、出口地市场实情以及政府减税福利等因素的影响，并不能有效指代产品质量。出口单位价值避免了以上因素的干扰，能够在一定程度上直观地衡量同类产品中产品质量的差异。同时，单位价值法在数据可得性上具有很大优势，即可以计算宏观层面亦可实现微观企业层面产品质量的测算，计算方法又比较简单，因此国内外学者应用比较广泛。Manova K. 和 Zhang Z. 等（2012）实证检验认为质量差异可以解释约 50%的产品出口单位价格差异，以单位价值指代产品质量具有较大的实践性。2004 年，Schott 较早使用单位价值法测算十分位基础上各国向美国出口产品的质量。综上各学者的研究可知，单位价值高低在一定程度上能够体现出口产品的质量水平，因此，国内学者亦参考此种测算方式，考量出口产品质量变动趋势和影响因素（李坤望，2013；刘晓宁，2015）。

单位价值法虽然具有一定的应用经验和范围，但是弊端也是显而易见的，并不总是能够有效反映出口产品质量。复杂的市场消费环境导致出口价格的影响因素繁多，不同时期的产品供求状况、消费者偏好心理、政策导向等都会引起价格的偏差，比如在产品供不应求时，就可能存在质量低的产品价格反而高的现象。而供过于求所引起的激烈的市场竞争，又会出现质量高的产品低价出售的情况。同时，随着产品专业化、多样化程度不断加深，仅从单位价格已经很难有效量化产品的质量。同时，Chenavaz（2017）实证研究指出，产品销售总量可以在一定程度上弥补企业的生产成本，即销售效应会掩盖企业对于提升产品质量所作出的成本投入。因此，产品价格对质量的代表性不足（Richard，1986）。总而言之，仅用单位价值作为出口产品质量的衡量标准并不十分严谨。

2.2.2 出口复杂度指数法

由于出口产品价格变动受到诸多影响因素，不能较精确地反映产品质量，所以学者们随后便关注产品技术水平与质量的相关性。1984 年，Michaely 首次提出产品技术复杂度指数，认为产品生产过程中技术投入度正向影响产品质量。在测算中，主要应用各个国家在某个产品的出口额度占世界总出口额度比例作为权重，通过加权平均各国人均收入得到产品技术复杂度指标。由此可看出其存在的测量弊端，若某一产品在一国出口比重较小，将使权重值太小进而几乎忽略该产品的出口贡献，技术复杂度指数会出现较大偏差。为了解决这一问题，Hausmann等（2005）在计算出某产品技术复杂度的基础上，调整权重，应用本国某类产品出口额占所有产品出口额的比重作为权重，通过加权平均的方式避免了直接加权的弊端，较准确地测算出一国出口产品的技术复杂度指数。然而此方法虽然在一定程度上避免了产品出口额过小引起的偏差问题，但是对一国的测算是建立在整体层面，默认了国家地区发展不存在差异性，与事实不符。例如，中国各地区因区域位置、要素禀赋等因素经济发展存在显著差异，仅以人均收入作为测算出口复杂度的重要指标，会使得结果被低估（Xu 等，2007）。基于此，Xu 等以中国为例，在地区层面加权平均对人均收入进行了修正，避免由于地区差异引起的偏差，测算结果比较符合现实情况。姚洋等（2008）应用投入产出表分别测算了三个相关指数，并进一步修正了出口复杂度指数。

虽然出口复杂度指数得到数次修正，并得到较为广泛的应用，但是其中存在的问题依然显著，其前提假设就存在不确定性和缺乏普适性。产品技术含量高低受到企业领导素质、市场竞争、政府导向等各种因素的影响，人均收入水平高是否产生产品技术含量高的结果，并不存在必然性。另外，不同种类的产品投入技术要素必然存在差异，出口复杂度指数在测算过程中关注到了这一点，但是相同种类的产品由于生产环境、劳动环境等问题，亦会存在明显不同，而技术复杂度指数并没有考虑到这一影响。在同属于产品附加值较低组别的不同产品种类中，质量较高产品按理应该比质量较低产品具有更高的技术含量。同理，在同属于产品附加值较高组别的不同产品种类中，质量较低产品按理应该比质量较高产品具有更低的技术含量。Xu 等（2007）就此问题提出了解决方法，将一个质量因子加入到出口复杂度指数测算模型中，然而，其在衡量质量因子时遵循产品价格与质量正相关假设，并不能很好地解释质量水平差异。

综上所述，出口复杂度指数经过一系列修正，也并不能很好地解决其存在的问题，目前学术界已基本认可出口复杂度与出口质量是两个不同的测算维度，技术含量相同的产品亦会存在质量差异，技术含量低的产品并不代表产品质量低（如意大利服装等）。

2.2.3 出口质量指数法和需求函数事后反推法

针对单位价值法和出口复杂度指数法存在的问题，学者们开始探寻新的出口产品质量测度方法。2010 年，Khandelwal 尝试运用事实反推法测算出口产品质量水平，基本思想是在产品价格相同的情况下，质量水平与出口数量成正比。他筛选产品出口单位价值和产品出口数量指标，构建离散模型，运用嵌套 Logit 方法测算出口产品质量，实证中，通过测算美国产品层面质量水平得出结论，认为产品价格虽然对质量具有一定的解释度，如果产品垂直差异化水平足够大，也就意味着产品质量相差比较显著，此种情况下产品价格可能有效指代质量；但是当产品水平差异化较小，单位价值对产品质量的解释合理性将会丧失。Amiti（2010）亦用相同的方法得出相似结论，即产品间质量阶梯较短的情况下，单位价值对产品质量的代表性降低。Hallk 等（2011）则假定产品质量随时间线性变化，将出口价格影响因素进行区分，提出产品质量指数法进行进一步研究。主要内容亦从以下两个方面展开：一是受质量影响的非纯净价格，二是不受质量影响的纯净价格—固定成本投入等，通过构建计量模型，将非纯净价格、成本投入、汇率等多种相关影响因素纳入模型，较为精确地估算出口产品质量水平。出口质量指数方法在测算中充分考虑了除质量差异之外的多种因素，弥补了单位价值法存在的缺陷。

然而，事实反推法和出口质量指数方法虽然可以较为精确地测算细分产品出口产品质量，但对数据要求比较高，需要大量的跨国面板数据，存在获取数据难度大的问题。我国国内学者借鉴此方法测算了高科技产品质量水平（黄先海，2011）和机电产品出口质量指数（王涛生，2013）。进一步地，施炳展（2013）结合单位价值和出口复杂度等指标测算了中国出口产品质量水平，同时运用工具变量法消除了单位价格内生性问题和出口目的地市场规模的干扰，进而使出口产品质量指标的测算更加精确。余淼杰等（2017）则同时考虑需求和供给对 Feenstra 等（2014）方法进行改进，将其出口产品质量测度从宏观层面扩展到微观层面。

综上所述，四种不同的出口产品质量测算方法均具有优势和劣势。相比于单位价值法的测算缺陷、出口复杂度指数法的维度不符合以及出口质量指数法的假设前提不合理性，事实反推法虽然在数据获取和处理上存在很大难度，但其能够准确衡量企业层面出口产品质量，并且符合企业异质性研究热点，无疑是一种具有科学性和发展性的测量方法。

2.3 出口产品质量发展状况及影响效应研究综述

近年来，出口产品质量一直是国内外学者研究的热点，对其发展状况、影响因素等的研究愈加完善。相比之下，中国国内对出口产品质量问题的关注较晚。国内文献对出口产品质量研究亦主要集中在发展状况和影响因素两个方面，从而对产品质量升级路径有较深入的认知。鉴于此，本部分将从出口产品质量发展趋势、需求、供给以及其他层面的影响效应四个方面进行文献梳理，以便明晰出口产品质量的相关研究脉络和可能存在的研究空白。

2.3.1 出口产品质量发展状况研究综述

指标测算愈加成熟，为出口产品质量发展特征事实的研究提供了基础。在对中国出口产品质量基本情况分析的研究中，国内学者运用不同的测算方法和数据，从宏观和微观层面对中国出口产品质量进行测算，从而得出截然不同甚至针锋相对的结果。在宏观层面，殷德生（2011）运用单位价值法测算中国整体层面出口产品质量，结果显示中国加入世界贸易组织促进了出口产品质量的加速升级。李坤望等（2014）用相同的方法却得出不同的结论，认为中国在 2001 年之前，出口产品质量一直处于不断上升状态，加入世界贸易组织之后，相对于高质量产品，低质量产品出口量大幅提升，总体上看，出口产品质量趋于下降状态。应用出口质量指数法，章璐（2010）对中国出口产品质量测度结果显示，1990～2006 年，中国技术水平较高产品质量处于不断提高趋势。但是，只保留一般贸易方式后，高技术产品质量则呈现相反趋势（熊杰，2011）。进一步地，施炳展

（2013）尝试用事实反推法测算，发现在加入世界贸易组织后，中国对美国出口产品质量呈大幅度下降趋势，其中资本和技术密集型企业产品质量下降更为明显。而孙林等（2014）利用嵌套Logit方法测算结果显示，中国对美国出口产品质量水平不断上升，且处于全球较高水平。在微观层面，施炳展等（2013）采用中国工业企业数据库构建微观面板数据，将企业分为本土企业和外资企业进行比较分析，结果显示中国本土企业出口产品质量虽然仍不断提高，但由于缺乏一定技术优势，面对外资企业尚不具备竞争优势。许和连等（2016）亦指出虽然中国企业出口产品质量先下降后上升，但总体上仍是上升的。同样地，陈航宇（2017）亦表明2000~2014年，中国企业高质量产品出口比重是不断增加的。然而，张杰等（2014）测算企业层面出口产品质量，认为2000~2006年，中国企业出口产品质量总体上来看是下降的，且存在企业所有制异质性。黄先海等（2015）对金融危机前后出口产品质量变化情况进行研究，运用2000~2011年微观数据证实了金融危机之前产品质量上升趋势显著，之后却受其影响，呈曲折下降趋势，亦具有企业所有制异质性，即相对于国有企业，民营企业后发力度更足。在此情况下，余淼杰等（2017）同时考虑需求和供给因素，并建立模型，认为从总体来看，2000~2006年中国企业出口产品质量水平是上升的。

国内学者对于我国出口产品质量发展得出不同甚至相反的结论，可能的原因是测算方法的不同，抑或是数据筛选不一致等。基于此，本书对比之后选择现今运用相对广泛、亦比较符合本书研究的需求推断法对出口产品质量进行测算。

2.3.2　基于需求层面的出口产品质量影响效应文献综述

在分析出口产品质量发展趋势的基础上，出口产品质量升级的实证研究文献亦更为丰富，对其相关理论进行验证的同时，重点关注了什么原因又凭借何种途径影响出口产品质量变动的实证分析。

1961年，Linder提出若国家之间需求或收入结构比较相似，那么就更有可能开展贸易，这就是需求相似理论。进一步来说，就是人均收入水平是否属于一个高度，只有满足了此前提，国家间贸易来往才会实现，而也只有高收入国家才会对高质量产品产生需求，反之，低收入国家并不会对高质量产品产生有效需求。基于此，学者们开始从需求层面对出口产品质量和国际贸易关系进行实证检验，探讨促进出口产品质量升级的影响因素。Mcpherman（2001）首先利用东非五个发展中国家数据，论证了其主要和与自身人均收入水平相似的国家进行贸易往来，检验了需求相似理论的正确性。Hallak（2006）则将样本扩展到60个国家，从国家部门层面进行实证分析，结果表明高收入国家进口更多的高质量产品，出口目的国人均收入水平与出口产品质量呈正向关系。Bekkers等（2012）再次检验了这一结论的正确性，指出出口目的国人均收入水平提高带动出口产品质量水平提升。随着微观数据可获得性的提高，学者们开始将研究扩张到微观企业层面，Bastos等（2010）利用微观数据研究葡萄牙产品贸易情况，结果表明运输成本导致产品出口价格上升。生产率水平越高，企业生产产品质量趋于提高，而高质量产品集中出口到高收入国家（Crino等，2012；Manova等，2012），这一实证结论指向进口国需求，即人均收入水平较高所培养出的消费者对高质量产品的偏好，促进进口产品质量的升级，倒逼出口国提高产品质量等级。在此基础上，Dalgin等（2014）提出收入分配差距的扩大引起产品需求偏好的变化，特别是对奢侈进口品的需求提高。因此，收入分配通过调整需求引起进口产品结构的变化，收入差距越大，高质量产品就具有越大的销售市场（Choi等，2006）。Bekkers等（2012）亦通过实证分析指出，进口国收入不平等程度与进口产品质量存在显著负相关关系。而从出口国层面，越是人均收入水平较高的国家，越倾向于向目标市场出口高质量产品（Hummels等，2005；Khandelwal，2010）。

相比之下，中国国内对出口产品质量问题的关注较晚。随着我国经济发展水平的提高，对外贸易逐步深入，面对国际市场复杂环境和国内要素比较优势变化，我国出口商品结构逐步发生转变，由初期劳动和资源要素投入为主，开始注重投入更多的资本和技术，力求改变传统贸易形态。针对此外贸现实，学术界开始意识到我国产品生产技术升级和质量提升的重要性。近年来，为了应对发达国家"再工业化"政策和成本优势向东南亚转移趋势，保持我国在国际市场的份额，进一步提高国际竞争力，实现我国经济新一轮发展，如何提高出口产品质量成为研究的重中之重。从需求因素出发，钟腾龙（2020）研究中发现外部需求通过推进市场竞争和扩大市场规模促进企业出口产品质量升级。董银果等（2021）亦从需求端出发检验表明收入水平提高显著提高农产品企业出口产品质量。谢杰等（2018）则从反面论证了相比于低质量产品，出口目的国人均收入对高质量产品出口规模的影响更显著。

2.3.3　基于供给层面的出口产品质量影响效应文献综述

市场需求、消费者偏好可以影响进出口产品质量发展，学者们在 Linder 需求相似理论的基础上实证检验了这一观点。与此同时，一系列从供给层面研究出口产品质量升级的研究相应出现。供给主要是从出口国产品生产过程中的要素投入，包括劳动力、资本、技术和国家以及企业生产和研发能力进行论述。劳动力、资本和技术是传统的生产要素投入，同时随着全球经济一体化程度的不断加深，中间品作为重要的要素加入产品生产过程。劳动力投入是生产环节不可缺少的要素之一。Schott（2004）聚焦一国资本或技术密集度，实证结果表明一国资本或技术密集度越高，出口产品质量就越高。同时，劳动力作为产品生产过程中重要的投入要素，劳动生产率的提高亦显著提高出口产品质量水平（Verhoogen，2008）。Johnson（2008）在得出高生产率企业倾向于选择出口高质量产品结论的基础上，进一步提出在产品质量存在显著差异的情况下，企业生产率越高，出口价格就越高；产品质量相同或差异较小时，产品单位价值的提高反而会抑制生产率的改善。可知，国家及企业要素投入结构、生产和技术研发能力等的提高和完善正向促进出口产品质量升级。

在国内相关研究中，施炳展等（2013）研究指出，劳动要素在要素投入结构中的比重上升，甚至超过资本投入比重，是产品质量降低的原因之一。而劳动要素集聚效应更是能够发挥出强大推动力（程锐等，2020）。同时，劳动生产率达到一定水平时，可以通过提高工资水平的方式，促进出口产品质量升级（贺唯唯等，2020）。与劳动力要素投入效应相似，技术研发投入正向效应亦基本达成共识，施炳展（2014）实证检验了研发效率对出口产品质量的有利影响。王明益（2014）则实证研究发现国内研发作用效应存在产业异质性，国内自主研发投入的推动力更多地体现在劳动要素为主的产业中，同时指出人力资本投入对资本密集型产业作用更大，其中间品投入和要素投入结构均直接影响出口产品质量升级。方森辉等（2021）亦在研究中再次验证了人力资本对出口产品质量的促进作用，并运用高考扩招准自然实验进行检验。随着全球价值链分工细化和贸易自由化程度加深，中间品进口如何影响中国出口产品质量成为研究热点，中间品进口的数量和质量均对产品质量提升具有重要影响。另外，进口中间品种类增加，可以获得边际效用，降低企业生产成本，同样对产品质量提升有利（樊海潮等，2020）。席艳乐等（2014）实证分析发现进口中间品质量与中国出口产品质量正相关。沈国兵等（2019）通过对中间品中的资本品进行检验得出，资本品进口不利于我国企业出口产品质量升级，而中间品和资本品进口失衡是导致我国企业出口产品质量持续处于较低位置的重要原因。

除此之外，随着互联网的发展，学者们开始关注人工智能、数字经济等对出口产品质量的影响。早在 2003 年，Brynjolfsson 等就基于美国企业数据，验证了计算机化在短期和长期均促进生产率提升。Graetz 等（2015）则聚焦工业机器人领域，认为自动化技术提高了劳动生产率和全要素生产率。国内学者从不同层面出发，验证了智能化对地区全要素生产率的促进效应。同时，人工智能依托互联网技术，具有智能数据收集、数据分析、数据整合和自动化存储等功能，能够降低出口营销、物流和仓储成本，促使更多企业选择出口，进而扩大贸易规模。因此，人工智能可通过提高企业生产率扩大一国贸易规模，进而产生规模效应促进产品质量升级。数字经济发展影响出口质量研究亦较多。在国家层面，党琳等（2021）运用网络就绪指数测算 49 个国家的数字化转型水平，认为数字经济促进各国出口技术复杂度提高，且存在国家差异性。在地区层面，数字经济可通过降低出口贸易成本和优化资源配置效率提高省级出口效率。同时能够促进地区出口竞争力，且对临近地区具有正向溢出效益。进一步地，姚战琪（2021）通过构建省份数字贸易综合指标，实证检验数字贸易对出口技术复杂度正向效应。其中对技术密集型行业作用更加显著。李亚波和崔洁（2022）则认为数字经济促进省级出口产品质量升级，且地区全球价值链嵌入深度在一定程度上抑制数字经济的正向效应。在微观层面，企业互联网和人工智能技术水平提高促进企业出口产品质量升级。相同地，程虹和袁璐雯（2020）研究表明使用机器人提升各生产环节精细化、专业化程度的同时促进工艺创新，提高企业产品质量。洪俊杰等（2022）亦从微观层面检验企业数字化转型对出口产品质量升级的促进作用，并指出企业数字化水平越高越能发挥技术创新的机制效应。谢靖和王少红（2022）则通过构建多维指标体系，实证认为数字经济通过提高企业生产效率显著促进出口产品质量升级。

2.3.4 基于其他层面的出口产品质量影响效应文献综述

产品的需求和供给显著影响产品质量变动，而政府政策偏向、补贴、外商直接投资等其他因素亦在研究范围之内。Feenstra（1998）就从制度、政策角度入手，研究认为一国进口政策显著影响出口产品质量。Essaji 等（2012）则基于美国进口产品贸易数据，认为一国司法质量高低对出口产品质量具有正向影响。同时，一国制度是否完善，同样是提高产品质量需关注的重要因子，Faruq（2011）实证结果表明一国相应政治制度具有一定的约束和限制性，增强了市场的复杂程度，这一现象势必影响出口产品质量的改善。相对地，有秩序的市场销售环境为产品质量升级提供了良好基础（Aw 等，1995）。Amiti 等（2009）研究指出一国关税变化影响国内竞争水平，关税下降致使国外产品进入量增加，良性竞争促使较高质量企业产品质量升级。此外，相关文献研究了外商直接投资、贸易自由化、全球价值链等因素对出口产品质量的影响。Harding 等（2011）从外商直接投资角度，探究其对发展中国家和发达国家出口产品质量影响的区别，在实证研究中指出经济发展水平会影响外商直接投资的作用效应，发展水平较低国家外商直接投资的增加反而会有利于产品质量升级。Amiti 等（2012）则指出关税下降使国家间贸易往来增多，自由化程度相应提高，进而提高产品质量。随着全球价值链分工贸易发展，中间品进口对产品质量的影响研究亦成为研究热点。Bas 等（2015）认为，在全球经济一体化不断发展的基础上，贸易自由化为中间品进口在全球范围流通提供了有利条件，引入高技术含量中间品能够有效增强产品质量水平。即在一定程度上，中间品投入质量与最终出口产品质量正向相关（Kugler 等，2012）。

国内学者亦从政府政策、制度和环境等方面，研究中国出口产品质量影响因素。汪建新（2014）着眼于关税这一影响因素，存在质量差异的产品种类受关税的影响并不一致，只有较高技术水平含量和质量的产品将受益于削减关税的政策导向，实现进一步产品升级，反之，若地区产品质量本身较低，进口关税下降会致使其出口产品质量降低。贸易自由化的作用效应体现出相似的特征，在产业间质量差异较大的情况下，高质量产品企业本身具有较高技术水平和市场占有率，同时贸易自由化使企业进入出口市场的成本降低，出口规模进一步扩大，通过规模效应促进产品质量升级。低质量产品企业则会进一步受限于技术水平，抑制产品质量升级（刘晓宁等，2015）。此外，对外开放度对中国出口产品质量同样具有正向影响（陈丰龙等，2016），而反倾销调查则不利于中国出口产品质量升级，特别是征收反倾销税等的负面影响较大（谢建国等，2017）。在微观企业层面，汪建新等（2015）亦指出企业信贷条件与生产息息相关。缓解融资约束是提高企业出口产品质量升级的有效路径之一（施炳展等，2014）。另外，人民币升值通过市场竞争倒逼中国企业提高出口产品质量（许家云，2015；余淼杰等，2017），同时，司法质量和环境管制亦是出口产品质量提升的重要因素（余淼杰等，2016；盛丹等，2017）。而政府补贴的作用效应则存在争议，施炳展（2014）认为二者正相关，张杰等（2015）却持相反态度，认为政府补贴会使企业产生发展依赖，久而久之会缺乏提高出口产品质量的内生动力。

综上所述，国内现有文献从需求、供给以及政策、制度、环境等层面，较为全面地研究了中国出口产品质量的影响因素和升级途径，且均具有较完善的理论和实证分析，同时，为本书实证检验制造业企业贸易上游度与出口产品质量关系提供了保障。

2.4　贸易上游度对出口产品质量影响相关研究综述

2.4.1　基于国际贸易理论的数理模型构建研究综述

随着新新贸易理论的发展和完善，异质性企业模型的构建为出口产品质量测算和影响因素研究提供了微观基础，理论上推导贸易上游度对出口产品质量的影响已具备一定条件。

随着实践中贸易方式的变化，国际贸易理论遵循适用性原则，不断地更新以满足现实国际贸易发展的需要。李嘉图比较优势理论与 Ohlin 和 Heckscher 要素禀赋理论虽然弥补了亚当·斯密的绝对优势理论存在的弊端，但仍是从生产技术和要素异质性出发，作为形成国际贸易的基础原因，没有关注产业内部差异性。该理论对"二战"后经济结构类似的发达国家贸易量急速增长的现象一筹莫展，针对此问题，新贸易理论进一步拓展了假设，认为完全竞争市场假设距离现实情况较大，并将消费者偏好以及企业规模报酬问题考虑其中，如果存在技术水平和要素优势相似的国家，也会因为规模经济，进行国际市场竞争从而实现市场均衡。新贸易理论将视线聚焦于产业内差异，科学性地解释了发达国家间贸易量急速增长的原因，推进了国际贸易理论的发展。在此基础上，Linder（1961）对要素禀赋理论进行了批判，揭示了其对工业制成品的无力解释，并首次将产品质量引入国际贸易分析模型，从需求相似视角对工业制成品问题进行解释。作者指出一国生产出现国内市场需求饱和时，会自动推进企业进入国际市场，工业制成品在国内市场扩大到一定规模时，才会参与国际市场，而国际市场需求规模和人均收入水平是影响贸易对象选择的主要原因，因此产品出口国更多地选择收入水平和消费者偏好比本国先进的国家，致使高收入国家成为出口产品的聚集地。新贸易理论的完善促使更多的学者关注出口产品质量问题，Flam 和 Helpman（1987）在新贸易理论垄断竞争模型中纳入产品质量差异性，理论分析表明消费者购买力差异的存在，使得产品质量出现异质性，同一国家产品不能满足消费者需求，因此产生了多国之间的国际分工贸易。进一步地，Grossman 和 Helpman（1991）分析结果表明，发达国家开展产品研发和创新生产过程、管理方式等，发展中国家主要凭借后发优势模仿创新方式，短时间内提升产品质量，从而淘汰发达国家中技术升级较慢产业；随之为了赢得市场竞争，发达国家开展新一轮技术创新，淘汰发展中国家落后产业，随着发展中国家模仿学习再次淘汰发达国家较落后产业，周而复始，通过创新、模仿、再创新、再模仿的方式，促进各国产业产品质量升级。Stokey（1988）与 Murphy 和 Shleifer（1997）则从人力资本视角，研究认为高素质劳动力不管对于一国的生产还是消费均具有促进效应，解释了以产品质量为基础，产业间贸易受高质量人力资本的正向影响。

但是，新贸易理论仍然没有跳脱传统贸易理论中的企业同质性假设，主要开展国家间、产业间、产业内国际贸易产生的动因、结果和相关政策问题研究，对于微观企业在其中的作用并没有涉及。随着经济全球化发展和微观数据的应用，为何存在同一产业内部企业有选择出口和选择不出口企业，为何出口企业具有更高的劳动生产率和企业规模等，新贸易理论对以上问题并不能解释，新新贸易理论开始出现并发挥作用。新新贸易理论开始将研究对象转向企业，重点强调企业生产率异质性特征，认为企业进入国际市场需要跨过出口市场的生产率临界点，即企业出口需要支付固定的出口市场成本，低生产率企业无法跨过出口门槛，所以只能够继续开拓国内市场。在此基础上，贸易自由化程度提高进一步扩展了高生产率企业进入国际市场的规模，实现行业层面的优胜劣汰。

新新贸易理论的异质性企业模型分析中认为国内市场规模较大的国家，出口企业占比较小，反之，国内市场规模较小的国家具有较高的企业出口量。同时，出口价格与距离具有负向相关性。然而，已有文献表明，哥伦比亚作为一个地域较小的国家，出口企业数量占总体企业比例依然较低，且通过对美国 2005 年进出口数据分析可知，其出口价格和出口距离呈现正相关。针对此问题，已有研究将出口产品质量作为异质性因素，与生产率异质性同时引入微观企业模型。Brooks（2006）研究发现，企业是否能够成功进入世界贸易市场与其生产效率相关，更与其质量生产率相关，高生产率企业进入国际市场，但其低质量生产率使之被淘汰。Baldwin 和 Harrigan（2007）亦在异质性企业模型中引入出口产品质量差异，研究表明企业产品质量的提升可在复杂的国际竞争中，生产资料成本投入差异产生企业产品质量差异，其不会受制于距离的影响，因此出口产品价格与出口距离并不一定是负向关系。Verhoogen（2008）则指出，拥有较高生产率的企业，为了保持市场份额和企业口碑，更愿意提高要素投入成本，增加产品技术投入，不断提高产品质量。同时，在发展中国家企业中，只有生产高质量产品企业才能在发达国家市场具有竞争力。Hallak 和 Sivadasan（2013）进一步分析认为，假定随着产品质量的提升，固定贸易成本下降，那么出口企业将具有更高的产品质量和产品价格，同时，投入要素价格、劳动力工资水平和资本投入在要素投入中的占比亦越高。

异质性企业模型存在企业只生产一种产品的假定，上文中亦探讨了新新贸易模型中，单一企业出口产品质量相关问题。而现实中，发达国家如美国、新西兰等，发展中国家如中国、巴西等在生产和国际贸易中，多产品企业普遍存在出口产品质量相关问题（Bernard，2009；钱学锋，2013）。基于此，跳出单一产品假定的异质性企业模型成为研究热点，将企业间资源再分配扩展到企业内（Dhingra，2013；Qiu & Zhou，2013；等等）。Manova 和 Zhang（2012）假定企业生产多种类产品，通过构建数理模型进行实证检验得知，企业出口产品质量的提高致使企业出口额不断增加，但企业产品多元化水平降低时，将会集中质量较高的产品生产，质量较低的产品将退出市场，同时，企业支付更多成本购买较高质量要素，亦将有利于产品质量提高。

将出口产品质量引入异质性企业模型的方式已相对成熟，已有文献在 Chen 等（2017）研究模型的基础上，引入中间品进口构造出一个关于企业出口产品质量的理论模型，可在一定程度上体现企业嵌入全球价值链对出口产品质量的影响。

综上所述，随着新新贸易理论的完善和微观数理模型的构建，通过引入中间品投入和出口产品质量，得出企业全球价值链嵌入有助于出口产品质量升级的推论，为本书后续实证研究奠定了理论基础和指导。

2.4.2　贸易上游度测算和实证检验的文献综述

上述文献中，通过将中间品进口和出口产品质量引入异质性企业模型，为数理上推导企业全球价值链嵌入对出口产品质量的影响奠定基础。本小节主要梳理贸易上游度对出口产品质量相关实证研究文献，探究可能的作用路径，为后续实证检验奠定基础。

关于中国出口产品质量的影响因素，已有文献中研究视角较为完善，为促进中国出口产品质量升级提供了有力的理论支撑。国际分工不断细化促使全球价值链分工模式成为现代国际贸易新形式，中国作为最大发展中国家和“世界工厂”，无疑是价值链嵌入较深的国家之一，从全球价值链视角探究中国宏观和微观层面出口产品质量升级是有必要的。然而，现有文献中，直接研究全球价值链嵌入与中国出口产品质量关系的仍然只是少数，相关文献也多是集中在全球价值链对全要素生产率、产品出口技术复杂度以及技术创新等影响因素和机理上。企业嵌入全球价值链通过学习效应和技术溢出效应提升生产技术水平、管理效率和生产率水平，进而促进产品质量和技术复杂度，因此参与价值链的生产率效应是显著存在的（孙学敏，2016；胡昭玲，2020）。然而，程文先等（2017）指出发达国家凭借加工贸易向中国输入先进生产设备和高质量关键零部件，压低加工贸易企业代工利润、压缩其研发资金和时间，导致企业自主研发创新能力减弱。本身不具备技术优势的发展中国家嵌入全球价值链，不可避免地会分割跨国公司市场，亦不利于行业技术进步（孙菁，2020）。高静（2019）通过计算微观层面国外增加值，研究认为企业参与全球价值链能够通过高质量中间品进口和技术溢出，外生提高出口产品质量，而价值链"俘获效应"内生抑制企业自主创新能力，二者存在倒"U"型关系。沈国兵（2019）则着眼于中间品进口角度，认为全球价值链嵌入中，中间品进口促进出口产品质量升级，资本品进口却对其产生抑制作用。

现有文献从全球价值链视角，探究影响出口产品质量的关键因素，多从中间品进口和增加值参与度测算基础上进行，尚缺乏全球价值链嵌入与企业出口产品质量关系的直接研究。鉴于此，本书引入全球价值链嵌入位置和出口产品质量指标分别作为核心解释变量和被解释变量，进一步对出口产品质量的影响效应进行结果探析。全球价值链嵌入位置涉及两种不同的衡量方式：一种是测算间接替代指标（Koopman 等，2010；吕越等，2017）。出口产品包含的技术水平、分离出的国内增加值部分以及以发达国家为基准衡量的出口结构，可作为全球价值链嵌入位置的间接替代指标；另一种是依据投入产出表测算上游度指数（苏庆义等，2015）。2012 年，Antras 提出上游度指数概念以衡量行业在产业链中距离最终消费端的距离，相较于间接替代指标，其更具精确性和实操性。

相较于间接替代指标，上游度指数更能够精确且直观地反映行业乃至企业在全球价值链中嵌入位置。而在此测算基础上，学者们从国家和行业层面测算全球价值链嵌入位置，并提出适应性改进方式（王珏等，2020）。章韬等（2016）从价值链要素供给侧和需求侧入手，测算出产品全球价值链嵌入位置，研究得出，嵌入全球价值链对产品技术复杂度的正向促进效应。而苏杭等（2016）则进一步对行业进行细分，测算制造业各部门上游度水平，认为上游度水平的持续提高并不利于企业获得竞争优势。高翔等（2019）亦通过测算制造业上游度指数和出口国内增加值率，研究指出加工贸易企业两端上游度较高。在微观层面，沈鸿等

（2019）实证分析贸易上游度对企业成本加成的影响，认为企业出口上游显著提高成本加成。胡奕明等（2018）则指出研发和营销能力偏弱的企业呈现向价值链上游移动趋势，对于企业来说，上游度指数的提高是"退却"而非"进击"。进一步地，Ju 和 Yu（2015）构建微观企业模型，指出在复杂多变的市场环境中，上游行业企业基于自身实力在角逐中存活下来，生产率相对较低的企业则不得不退出国内外市场，最终将使整个行业的生产率水平提高。而企业全要素生产率与技术创新效率提高，出口产品质量亦会相应提升，这一结论已被相关研究验证。朱世婧等（2022）则分别测算企业在国际国内市场的嵌入位置，认为企业从事纯国内生产而减少对国外中间品的进口将有利于提升本身创新水平。陈凤兰（2021）亦指出进口上游度降低显著促进企业技术创新。因此，从理论上来看，行业企业嵌入全球价值链位置变动可能会对出口产品质量产生显著影响。

通过上文文献梳理可知，贸易上游度与出口产品质量直接关系尚鲜有研究，特别是缺乏贸易上游度影响贸易质量的微观作用机理，现有结论对贸易上游度的影响效应亦存在正向效应和负向效应两种相悖结论。因此，关于贸易上游度的作用效应和机理仍需进一步验证。

2.5　文献评述

本章主要从出口产品质量和贸易上游度的指标测算、出口产品质量发展状况和影响效应以及贸易上游度与出口产品质量关系相关文献等方面对文献进行收集、阅读和理解消化，总结如下：

（1）出口产品质量指标测算不断发展完善。出口产品质量测算方法已在上文中分别进行评述，均有各自的优劣，根据本书所使用数据库的特征，选取事实反推法进行出口产品质量指标的测算。具体来看，相比于单位价值法的测算缺陷、出口复杂度指数法的维度不符合现实、出口质量指数法的假设前提不合理性，事实反推法虽然在数据获取和处理方面存在很大难度，但其凭借准确衡量企业层面出口产品质量优势，并且符合企业异质性研究热点，无疑是一种具有科学性和发展性的测量方法。

（2）对出口产品质量实证分析逐渐成熟。通过对国内外文献梳理，出口产品质量影响因素逐渐丰富，包含需求因素、供给因素和其他政策、制度、环境等因素，研究范围越来越广，研究内容越来越深。

（3）缺乏全球价值链影响出口产品质量的数理模型推导。在贸易上游度影响出口产品质量升级相关文献梳理中，基于现有国际贸易微观数理模型，通过引入中间品进口和出口产品质量，仅从侧面验证了企业产品进口与出口产品质量存在正向关系，仍缺乏企业参与全球产业链分工对出口产品质量影响的数学验证。

（4）全球价值链嵌入影响企业出口产品质量相关研究尚属鲜有。通过梳理相关国内外研究文献，学者们从需求、供给和政策等多元视角入手，对全球价值链作用效应的研究多落脚于全要素生产率、技术创新等研究内容，全球价值链嵌入对企业出口产品质量的微观作用机理有待进一步验证，但仍为本书后续研究奠定基础。

（5）有限的研究忽略了企业嵌入出口市场和进口市场分工的差异性。全球价值链分工体系中，生产环节不断细化，企业作为国际贸易主体既是进口者又是出口者，同时面临出口、进口市场，选择出口和进口产品种类、数量、技术水平等直接影响企业全球价值链参与模式，从而对出口产品质量亦会产生不同影响。

第3章　我国贸易上游度水平与出口产品质量发展现状

第2章文献的收集和梳理，为本书研究奠定了基础。而在研究贸易上游度与出口产品质量关系之前，本章首先运用测算中国及世界其他国家贸易上游度和出口产品质量指标，通过横向和纵向对比，从国家、行业和部门层面分析中国贸易上游度和出口产品质量的发展现状，以期对目前我国全球价值链分工和出口贸易发展状态有直观的认知。

3.1　我国贸易上游度对比分析

3.1.1　贸易上游度测算和数据说明

3.1.1.1　指标测算

应用式（2-1）~式（2-4）测算行业上游度。其中，上游度测算方法中对存货的修正仅是 i 行业总产出减去该行业的净出口，而 Antras 测算上游度指标时，引用的来源数据是 OECD 投入产出表，该表中统计的是一国内部的投入和产出，并不是跨国数据，且 5 年统计一次，因此，即使做出一定修正，严格意义上来说仍然无法进行跨国比较。2013 年和 2016 年世界银行公布了 1995~2014 年世界投入产出表，2013 年版本中统计了世界 41 个国家和地区以及 35 个行业，同时 2016 年版本中进一步调整增加了国家数量和更细化的行业分类标准。凭借此跨国数据，应用 Antras 的测算思路，可以测算 1995~2014 年的上游度指数。

3.1.1.2　数据说明

本书基于这两类数据，通过行业类型匹配标准，对 2013 年和 2016 年的行业类型进行粗糙匹配，2016 年统计的行业是 56 种，将其与 2013 年统计的 35 种行业类型进行匹配，同时，由于某些国家行业的投入产出出现缺失，或在矩阵统计过程中出现无统计意义的数据，在数据处理过程中对这部分数据进行了删除。基于跨国数据库得出的上游度指数可以进行跨国比较，能够更好地了解产业结构的变化轨迹。

基于以上的设想，对世界投入产出表进行重新编码和计算：世界投入产出表包括 41 个国家和地区、35 个行业，借鉴 Antras 的测算方式，把 41 个国家的 35 个行业看作是一个行业整体，记作 A，其中各个国家和地区的行业与行业集合 A 进行一一对应，比如第一个经济体的第一个行业就是集合 A 的第一个行业，第二个经济体的第一个行业就是集合 A 的第 36 个行业，以此类推，行业集合 A 就是 1435 个行业组成的集合体。

对世界投入产出表进行重新编码后，就可以把表格看作是由不同行业组成的集合 A，最终成为可以用 Antras 的方法测算的投入产出表，由于世界投入产出表收录的是开放经济下的数据，因此本书在计算时并没有再次对数据进行修正。

3.1.2　贸易上游度特征比较分析

为了有逻辑地、更简单明了地对中国行业上游度特征进行分析，本书采用"剥洋葱"的分析方式，从国家整体层面、产业层面、部门层面逐步对中国贸易上游度水平进行描述性分析。

3.1.2.1　国家整体层面

根据式（2-4）基于世界投入产出表求得 41 个国家和地区的整体上游度如表 3-1 所示。横向来看，首先，1995~2014 年各国和地区整体上游度区间跨度由［1.4，2.44］变为［1.77，2.91］，链条长度增加，证明各国和地区将上游度分散程度提高。其次，考察期间，整体上游度水平较靠前的国家和地区分别为中国、卢森堡、俄罗斯、韩国和中国台湾，较靠后的国家和地区分别为墨西哥、希腊、土耳其、塞浦路斯和立陶宛。可知我国整体上游度水平在不同的时间均处于较高位置。

表 3-1　1995~2014 年各个国家和地区整体上游度　　　　单位：%

国家/地区	1995 年	2000 年	2005 年	2010 年	2014 年	1995~2005 年	2005~2014 年	1995~2014 年
中国	2.44	2.47	2.63	2.79	2.91	7.60	10.98	19.41
澳大利亚	2.10	2.19	2.17	2.30	2.23	3.30	2.78	6.17
奥地利	1.84	1.93	2.04	2.09	2.09	10.77	2.55	13.59
比利时	2.14	2.23	2.22	2.20	2.20	3.66	-0.83	2.81
保加利亚	1.97	1.97	2.18	2.10	2.19	10.48	0.31	10.82
巴西	1.80	1.85	1.99	1.88	1.85	10.71	-7.21	2.72
加拿大	1.96	2.02	1.99	1.97	2.02	1.74	1.64	3.41
塞浦路斯	1.40	1.47	1.54	1.81	1.92	10.16	24.50	37.16
捷克	2.31	2.26	2.35	2.27	2.30	1.86	-2.18	-0.36
德国	1.88	1.97	2.04	2.06	2.06	8.54	1.22	9.86
丹麦	1.82	1.90	1.95	1.92	1.94	7.36	-0.44	6.88
西班牙	1.94	1.92	2.00	1.98	2.00	2.71	0.02	2.73
爱沙尼亚	1.97	2.16	2.21	2.09	2.13	12.08	-3.62	8.02
芬兰	2.14	2.21	2.17	2.10	2.11	1.54	-2.88	-1.39
法国	1.95	1.98	1.97	1.91	1.92	1.00	-2.25	-1.27
英国	1.95	1.97	1.96	1.89	1.93	0.34	-1.44	-1.11
希腊	1.62	1.58	1.63	1.74	1.82	0.32	11.77	12.12
匈牙利	2.00	1.96	2.04	1.98	2.03	2.27	-0.67	1.58
印度尼西亚	1.90	2.00	2.02	2.05	1.99	6.12	-1.19	4.85
印度	1.95	1.87	1.92	1.92	1.86	-1.54	-3.06	-4.55

续表

国家/地区	1995 年	2000 年	2005 年	2010 年	2014 年	1995~2005 年	2005~2014 年	1995~2014 年
爱尔兰	1.97	2.09	2.10	2.12	2.04	6.55	-2.88	3.48
意大利	1.97	2.04	2.06	2.05	2.05	4.72	-0.79	3.89
日本	1.98	1.98	2.04	1.98	1.96	3.15	-4.06	-1.04
韩国	2.15	2.23	2.39	2.39	2.49	10.96	4.49	15.94
立陶宛	1.83	1.66	1.82	1.95	2.02	-0.38	10.54	10.12
卢森堡	2.28	2.49	2.49	2.57	2.68	9.52	7.48	17.71
拉脱维亚	1.89	2.00	2.02	2.20	2.20	6.77	8.90	16.27
墨西哥	1.78	1.69	1.74	1.75	1.77	-2.36	1.99	-0.42
美国	1.87	1.87	1.82	1.76	1.81	-2.51	-0.98	-3.46
马耳他	1.73	1.84	1.96	1.80	1.87	13.00	-4.34	8.10
荷兰	2.00	2.04	2.05	2.04	2.26	2.08	10.55	12.85
波兰	2.04	1.98	2.06	2.13	2.16	0.88	5.19	6.12
葡萄牙	1.88	1.89	1.92	1.91	1.96	2.00	2.26	4.30
俄罗斯	2.18	2.36	2.42	2.48	2.50	10.58	3.47	14.42
世界其他国家	1.86	1.97	2.06	2.41	2.50	11.10	21.07	34.51
斯洛伐克	2.37	2.28	2.16	2.07	2.12	-8.77	-1.82	-10.43
斯洛文尼亚	1.95	1.97	1.99	2.08	2.17	2.34	9.04	11.59
瑞典	2.04	2.10	2.12	2.11	2.08	3.85	-1.82	1.96
土耳其	1.62	1.77	1.82	1.94	1.98	12.26	8.89	22.25
中国台湾	2.07	2.13	2.38	2.41	2.44	15.16	2.59	18.15
标准差	0.20	0.22	0.22	0.23	0.25			

注：数据来源于世界投入产出数据库，下同。

纵向来看，1995~2014 年，捷克、芬兰、美国等整体上游度数值下降，除了中国、印度和墨西哥，其他国家均属于发达经济体。除此之外，其他国家和地区整体仍然呈现沿链条上移的趋势，考察期内中国整体上游度增长率为 19.41%。可知，1995~2014 年世界绝大多数国家参与国际分工，产品生产链条进一步拉长。另外，表 3-1 中显示 1995~2014 年各国和地区整体上游度标准差由 1995 年的 0.20 增长为 2014 年的 0.25，可知各国在积极参与国际专业化分工的同时，在全球价值链中的分工位置差异进一步拉大。

总而言之，1995~2014 年考察期内，我国整体处于全球价值链上游环节，且呈现继续沿链条向上移动趋势。世界绝大多数国家整体上游度水平得到提升，更大程度嵌入全球价值链分工模式之中，然而随着时间的推移，发达国家整体上游度数值降低，向全球价值链下游环节移动。

为了进一步明晰国家整体上游度水平的变化，根据既定标准将 41 个国家和地区分为发达国家和发展中国家。上游度对全球价值链嵌入位置的量化表明了一国或地区在国际贸易中所持中间品的程度，对其求平均值即可知一国或地区在中间品贸易往来中的阈值，平均值数值越大，表示中间品贸易同样获得相应增长，也在一定程度上表明了参与全球价值链分工贸易的程度加深。因此，一国或地区上游度平均值可以反映该国行业间或一个区域国家间的中间品贸易情况和全球价值链参与程度。基于此，本小节通过计算平均值的方式得出发达国家和发展中国家的整体平均上游度数值，同时测算中国整体上游度平均值作出折线图如图 3-1 所示。

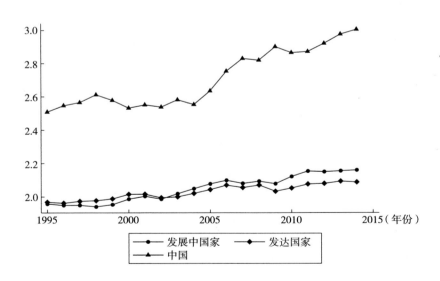

图 3-1　中国、发达国家和发展中国家整体上游度平均值

由图 3-1 可知，全局来看，中国、发达国家和发展中国家整体上游度均值在考察期内呈现上升态势，其中中国整体上游度均值呈现曲折上升趋势。相比来说，发达国家和发展中国家整体上游度均值平稳小幅度增长。考察期内中国上游度均值远高于发达国家和发展中国家，且增长速度亦快于发达国家和发展中国家。发展中国家整体上游度在 2012 年超过发达国家，表明发展中国家比发达国家更多处于全球产业链分工生产环节的上游阶段，更多的进出口中间品参与国际贸易。相较之下，发达国家具有向全球价值链下游环节移动的趋势。这是由全球价值链分工模式特征所决定的，发达国家在产业链中一直占据优势，发展中国家大多凭借劳动成本优势和资源优势，以发展加工贸易和提供原材料的姿态参与全球价值链分工，更多处于产业链上游环节，而发达国家掌握技术优势，通过跨国企业集合零部件生产高端产品，更接近于最终消费市场，整体上游度水平偏低。

3.1.2.2 产业层面

本书处理之后的世界投入产出数据包括 35 个行业，其中有 16 个生产部门和 19 个服务部门，应用式（2-5）测算世界各国生产部门和服务部门上游度值如表 3-2 所示。对于生产部门，横向来看，1995～2014 年各国和地区生产部门上游度区间跨度由 [1.51, 2.59] 变为 [1.93, 3.3]，链条长度增加，表示产业间上游度水平差距变大。生产部门上游度水平较靠前的国家为中国、斯洛伐克、芬兰、卢森堡和捷克，较靠后的国家为墨西哥、希腊、马耳他、土耳其和塞浦路斯，可知我国生产部门均处于产业链分工的上游环节。纵向来看，1995～2014 年，除了捷克和斯洛伐克两个国家，各国和地区的生产部门上游度数值均增加，增长率最高的是塞浦路斯的 37.69%，中国整体上游度增长率为 27.26%，属于较高速度的增长。可知各国和地区生产部门呈现向全球价值链上游环节移动的趋势，表明各国和地区生产部门积极生产中间产品进行国际贸易，参与全球产业链分工，国际专业化分工程度亦不断加深。

表 3-2 1995~2014 年各国生产部门和服务部门上游度及均值

国家/地区	生产部门				服务部门			
	1995 年	2005 年	2014 年	1995~2014 年（%）	1995 年	2005 年	2014 年	1995~2014 年（%）
中国	2.59	2.89	3.30	27.26	2.16	2.21	2.33	8.09
澳大利亚	2.43	2.66	3.12	28.34	1.96	1.99	1.97	0.44
奥地利	2.08	2.25	2.50	20.26	1.73	1.94	1.88	8.75
比利时	2.22	2.30	2.55	14.96	2.10	2.18	2.04	-2.78
保加利亚	2.07	2.40	2.32	12.19	1.87	2.02	2.11	12.82
巴西	2.10	2.31	2.18	4.10	1.61	1.75	1.65	1.91
加拿大	2.35	2.38	2.61	11.35	1.73	1.78	1.77	1.86
塞浦路斯	1.51	1.72	2.07	37.69	1.36	1.50	1.90	39.51
捷克	2.50	2.49	2.47	-1.10	2.17	2.24	2.15	-0.90
德国	2.05	2.17	2.30	11.83	1.78	1.96	1.91	7.35
丹麦	1.95	2.11	2.25	14.98	1.75	1.89	1.83	4.25
西班牙	2.16	2.31	2.45	13.75	1.82	1.86	1.78	-2.57
爱沙尼亚	2.04	2.36	2.36	15.74	1.92	2.13	2.00	4.05
芬兰	2.57	2.60	2.70	5.18	1.83	1.91	1.79	-2.07
法国	2.12	2.15	2.29	7.86	1.87	1.89	1.80	-3.87
英国	2.16	2.18	2.52	16.50	1.85	1.90	1.77	-3.96
希腊	1.93	1.87	1.93	0.13	1.49	1.55	1.78	19.69
匈牙利	2.15	2.19	2.30	7.09	1.87	1.93	1.76	-6.05
印度尼西亚	2.08	2.34	2.41	15.70	1.66	1.68	1.63	-1.85
印度	2.01	2.03	2.01	0.00	1.88	1.82	1.71	-8.89
爱尔兰	2.00	2.14	2.13	6.27	1.94	2.08	1.99	2.55
意大利	2.14	2.22	2.45	14.85	1.86	1.98	1.84	-1.36
日本	2.41	2.58	2.63	8.97	1.75	1.77	1.58	-9.46
韩国	2.50	2.88	2.94	17.48	1.80	1.88	1.95	8.31
立陶宛	1.95	1.89	2.24	14.45	1.74	1.78	1.87	7.38
卢森堡	2.52	2.33	2.53	0.04	2.21	2.52	2.69	21.72
拉脱维亚	2.00	2.15	2.45	21.99	1.83	1.97	2.12	16.03
墨西哥	1.95	1.97	2.13	8.89	1.63	1.57	1.43	-12.32
美国	2.29	2.21	2.35	2.68	1.70	1.71	1.61	-5.60

续表

国家/地区	生产部门				服务部门			
	1995 年	2005 年	2014 年	1995~2014 年（%）	1995 年	2005 年	2014 年	1995~2014 年（%）
马耳他	1.92	2.11	2.00	4.02	1.60	1.89	1.85	15.98
荷兰	2.18	2.24	2.63	20.73	1.92	1.96	2.10	9.61
波兰	2.26	2.23	2.46	8.77	1.87	1.95	1.96	5.08
葡萄牙	2.04	2.14	2.26	10.97	1.78	1.82	1.82	2.01
俄罗斯	2.45	2.76	3.00	22.66	1.99	2.17	2.19	10.05
世界其他国家	2.16	2.50	3.06	41.80	1.61	1.68	2.01	25.44
斯洛伐克	2.59	2.27	2.27	-12.04	2.19	2.08	1.99	-9.16
斯洛文尼亚	2.06	2.17	2.55	24.20	1.87	1.88	1.93	3.29
瑞典	2.31	2.35	2.58	11.48	1.89	2.00	1.86	-1.71
土耳其	1.70	1.94	2.17	28.17	1.54	1.73	1.84	19.50
中国台湾	2.31	2.80	2.94	27.28	1.84	1.98	1.82	-0.73

对于服务部门，横向来看，1995~2014 年各国和地区服务部门上游度区间由 [1.36，2.21] 变为 [1.43，2.69]，链条长度变大，产业间上游度水平差距变大。服务部门上游度水平较靠前的国家分别为卢森堡、斯洛伐克、捷克、中国和比利时，较靠后的国家为巴西、马耳他、土耳其、希腊和塞浦路斯，我国相比于其他国家，整体上处于全球价值链相对上游环节。纵向来看，1995~2014 年，比利时、捷克和美国等 16 个国家的服务行业上游度数值负增长，呈现沿产业链条向下游移动的趋势，其中绝大部分为发达国家，其他国家和地区服务行业上游度数值增加，中国服务行业上游度增加率为 8.09%。可知大部分国家和地区服务部门亦呈现沿链条向上游环节移动的趋势，表明各国和地区服务部门积极参与全球价值链分工，国际专业化分工程度不断加深。

总而言之，中国生产部门和服务部门均处于全球价值链相对上游环节，且呈现继续向上游移动的趋势，其中生产部门尤为明显。全局来看，相比于服务部门，世界各国和地区生产部门中间品贸易更频繁，全球价值链参与程度更深，专业化分工更细化。发达国家服务部门在全球价值链中的位置具有向最终消费端接近的趋势。

同样地，为了进一步明晰不同经济水平国家生产部门和服务部门上游度水平的变化，运用公式（2-4）测算各国生产部门和服务部门上游度值，求平均值得到发达国家和发展中国家生产部门和服务部门上游度，与中国生产部门和服务部门上游度相比，如图 3-2 所示。

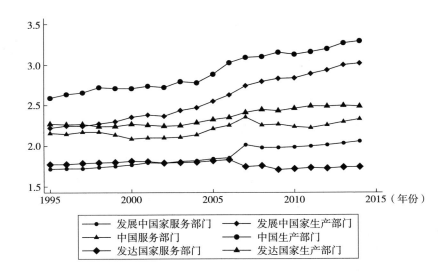

图 3-2　不同类型国家生产部门和服务部门上游度

由图 3-2 可知，我国生产部门处于全球价值链上游位置，且在 1995～2014 年处于持续上升的状态，2001 年之后上升速度更快。发展中国家生产部门上游度低于中国，然而其上升速度在 2011 年后超过中国。发达国家生产部门处于全球价值链相对下游位置，技术优势促使其向链条最终消费端靠近。由于服务部门的产业性质，相较于生产部门，发达国家、发展中国家和中国的服务部门均处于全球价值链下游环节，但中国仍高于发展中国家和发达国家。从变化来看，中国和其他发展中国家服务部门沿链条向上游缓慢移动，发达国家 2006 年之后具有向下游环节移动的趋势。

制造业作为我国支柱性产业，其发展是一国和地区发展程度、综合竞争力的最直观表现，为了进一步分析我国在全球价值链中的嵌入程度，本小节测算我国及世界主要国家和地区制造业上游度指数，并进行比较分析。

根据式（2-4）基于世界投入产出表求得 41 个国家和地区的制造业上游度如表 3-3 所示。横向来看，1995～2014 年各国家和地区制造业上游度区间由 [1.48，2.63] 变为 [1.94，3.15]，链条长度增加，地区间制造业上游度水平差距扩大。制造业上游度水平较靠前的国家分别为中国、韩国、俄罗斯和芬兰，较靠后的国家为印度、希腊、巴西、马耳他、墨西哥，可知我国制造业上游度水平较高，集中在产业链条上游阶段。纵向来看，1995～2014 年，巴西、印度、卢森堡、斯洛伐克等国制造业上游度数值下降，除此之外，其他国家和地区整体仍然呈现沿链条上移的趋势，中国考察期内整体上游度增长率为 19.74%。可知，1995～2014 年世界绝大多数国家积极开展制造业产业发展并参与国际分工，产品生产链条进一步拉长。另外，表 3-3 中显示 1995～2014 年各国和地区整体上游度标准差由 1995 年的 0.26 增长为 2014 年的 0.28，可知各国制造业在积极参与国际专业化分工的同时，产业在全球价值链中的分工位置差异进一步扩大。

表 3-3　1995～2014 年各国和地区制造业上游度　　　　单位：%

国家/地区	1995 年	2000 年	2005 年	2010 年	2014 年	1995～2005 年	2005～2014 年	1995～2014 年
中国	2.63	2.76	2.84	3.00	3.15	7.91	10.96	19.74
澳大利亚	2.27	2.33	2.35	2.59	2.59	3.58	10.23	14.18
奥地利	2.07	2.15	2.25	2.45	2.48	8.50	10.14	19.51
比利时	2.22	2.29	2.29	2.51	2.55	3.55	11.04	14.98
保加利亚	2.00	2.12	2.34	2.12	2.26	17.31	-3.65	13.03
巴西	2.04	2.06	2.20	2.01	1.99	7.80	-9.41	-2.34
加拿大	2.21	2.17	2.18	2.37	2.43	-1.06	11.11	9.94
塞浦路斯	1.48	1.64	1.69	1.98	2.15	13.77	27.71	45.29
捷克	2.44	2.32	2.47	2.43	2.45	1.08	-0.75	0.32
德国	2.04	2.09	2.17	2.25	2.29	6.54	5.31	12.20

续表

国家/地区	1995 年	2000 年	2005 年	2010 年	2014 年	1995~2005 年	2005~2014 年	1995~2014 年
丹麦	1.90	1.95	2.01	2.18	2.15	5.50	7.21	13.11
西班牙	2.16	2.18	2.33	2.43	2.44	7.97	4.43	12.75
爱沙尼亚	1.84	2.19	2.23	2.25	2.31	21.27	3.56	25.59
芬兰	2.52	2.58	2.56	2.59	2.67	1.51	4.24	5.81
法国	2.11	2.15	2.15	2.27	2.28	1.87	5.86	7.84
英国	2.10	2.08	2.11	2.37	2.42	0.29	14.82	15.16
希腊	1.79	1.81	1.86	1.82	2.01	3.67	8.30	12.28
匈牙利	2.11	1.99	2.20	2.22	2.28	3.91	3.64	7.68
印度尼西亚	2.08	2.08	2.11	2.16	2.14	1.77	1.05	2.84
印度	2.09	2.08	2.09	2.08	2.05	-0.10	-2.01	-2.11
爱尔兰	1.94	2.14	2.13	2.26	2.10	9.85	-1.43	8.28
意大利	2.13	2.16	2.22	2.48	2.48	4.46	11.78	16.77
日本	2.41	2.43	2.58	2.59	2.60	7.11	0.83	8.00
韩国	2.53	2.60	2.90	2.80	2.94	14.58	1.31	16.08
立陶宛	1.80	1.71	1.91	2.09	2.22	6.16	16.44	23.61
卢森堡	2.55	2.38	2.34	2.51	2.49	-8.23	6.70	-2.08
拉脱维亚	1.96	2.02	2.16	2.16	2.29	10.21	6.04	16.87
墨西哥	1.83	1.75	1.84	1.92	1.94	0.75	4.93	5.71
美国	2.24	2.17	2.15	2.24	2.26	-4.11	5.43	1.10
马耳他	1.95	2.11	2.16	2.00	1.99	10.90	-7.91	2.13
荷兰	2.13	2.15	2.20	2.38	2.61	3.51	18.50	22.66
波兰	2.19	2.11	2.20	2.36	2.40	0.74	9.05	9.85
葡萄牙	2.01	2.06	2.12	2.20	2.24	5.50	5.62	11.43
俄罗斯	2.36	2.49	2.66	2.73	2.76	12.77	3.73	16.98
世界其他国家	2.01	2.11	2.17	2.64	2.76	7.79	27.28	37.19
斯洛伐克	2.62	2.31	2.28	2.24	2.25	-12.93	-1.42	-14.17
斯洛文尼亚	2.06	2.11	2.19	2.44	2.55	6.33	16.79	24.18
瑞典	2.29	2.28	2.32	2.51	2.54	1.36	9.36	10.84
土耳其	1.72	1.92	1.95	2.10	2.15	13.10	10.22	24.66

续表

国家/地区	1995 年	2000 年	2005 年	2010 年	2014 年	1995~2005 年	2005~2014 年	1995~2014 年
中国台湾	2.35	2.45	2.84	2.89	2.95	21.10	3.74	25.63
标准差	0.26	0.23	0.26	0.26	0.28			

总而言之，1995~2014 年考察期内，我国制造业处于全球价值链上游环节，且呈现继续沿链条向上移动趋势。世界绝大多数国家制造业上游度水平得到提升，更大程度嵌入全球价值链分工模式之中。

不同经济发展水平国家的制造业上游度水平的变化趋势可能会有区别，为了深化研究，根据既定标准对 41 个国家和地区进行分类。本小节通过计算平均值的方式得出发达国家和发展中国家的制造业平均上游度数值，同时测算中国制造业上游度平均值作出折线图，如图 3-3 所示。

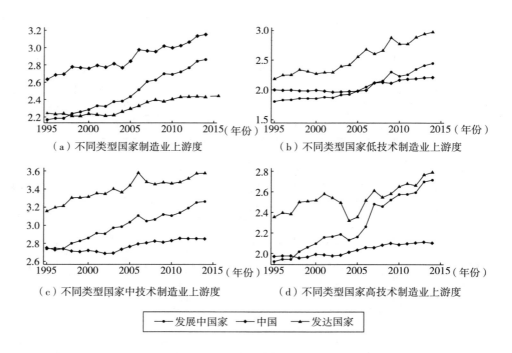

（a）不同类型国家制造业上游度　　　　（b）不同类型国家低技术制造业上游度

（c）不同类型国家中技术制造业上游度　　　　（d）不同类型国家高技术制造业上游度

—— 发展中国家　—— 中国　—— 发达国家

图 3-3　不同类型国家制造业与分技术制造业上游度指数变化

由图 3-3（a）所示可知，全局来看，中国、发达国家和发展中国家制造业上游度均值在考察期内呈现上升状态，其中中国制造业上游度数值呈现曲折上升趋势。相比来说，发展中国家制造业上游度值较低，但整体上我国上游度水平增长速度仍低于发展中国家的平均值。技术水平较高的发达国家制造业在整个产业链条中比较接近消费端，且平稳小幅度增长。然而考察期内中国制造业上游度远高于发达国家和发展中国家，且增长速度亦较快。发展中国家制造业上游度在1998 年超过发达国家，更多的处于产业链分工的上游阶段，生产中间产品参与国际贸易，嵌入全球价值链的程度更深。相较之下，发达国家在 2012 年之后具有向全球价值链下游环节缓慢移动的趋势。

借鉴经济合作与发展组织对制造业的分类标准，可以将世界投入产出数据库中制造业细分部门划分为低技术制造业、中技术制造业和高技术制造业[①]，根据式（2-4）可测算发达国家、发展中国家的低技术制造业、中技术制造业和高技术制造业上游度，并与中国低中高技术制造业上游度进行比较分析，结果如图3-3（b）～（d）所示。分析可知，1995～2014 年我国低技术、中技术和高技术制造业上游度数值整体上呈现上升状态，其中低技术制造业上游度水平上升速度最快。2005 年之后，低技术制造业上游数值超过高技术制造业，处于全球价值链相对上游环节。与发达国家和发展中国家对比来看，我国低中高技术制造业值均高于发达国家和发展中国家，比二者更多地参与到全球价值链分工之中。在考察期内，2005 年之前，发达国家低技术制造业高于发展中国家，2005 年之后被反超。同样地，1998 年之前，发达国家中技术和高技术制造业上游度高于发展中国家，之后被反超。发达国家低中高技术上游度在 2014 年后均出现向全球价值链下游环节移动的趋势。

---

① 低技术行业，包括 C3 食品、饮料及烟草业；C4 纺织业；C5 皮革及鞋类制造业；C6 木材加工及其制品业；C7 纸浆、纸制品及印刷出版业；C16 其他制造业及回收加工业；中技术行业，包括 C8 石油加工、炼焦及核燃料加工业；C10 橡胶及塑料制品业；C11 非金属矿物制品业；C12 金属冶炼及压延加工业；高技术行业，包括 C9 化学原料及其制品业；C13 机械制造业；C14 电子及光学仪器制造业；C15 交通运输设备制造业。

综上所述，我国中技术制造业处于产业链较高环节，且低技术制造业上游度水平增加更快，发达国家低中高技术上游度在 2014 年后均出现向全球价值链下游环节移动的趋势。

3.1.2.3　细分部门层面

上文中对各个国家和地区整体上游度和服务部门、生产部门以及制造业等都进行了详细对比分析，本小节对各国和地区部门层面上游度详细研究，为了数据和分析布局的清晰性，本节从 41 个国家和地区中挑选代表性国家与我国上游度进行对比。中国作为三大经济体之一，与美国和日本进行对比具有一定的必要性。另外，近年来，印度整体经济发展势头较为快速，且同样人口众多。再有，通过上文的分析可知，俄罗斯同样作为发展中国家与我国具有一定的相似性。

根据式（2-4）测算中国、印度、俄罗斯、美国和日本 1995 年和 2014 年行业上游度如表 3-4 所示。在考察期内，中国行业上游度平均值增长率为 19.52%，表明我国在逐步向全球价值链上游环节移动，且行业上游度跨度明显增加。同时，我国行业上游度标准差增加，表明我国各行业在价值链上的分工位置差异不断扩大，生产分散化程度进一步加剧。且我国上游度水平较高的行业集中在第二产业，制造业占据多数，第三产业上游度水平则普遍较低。从变化率来看，除了金融业和房地产业，各行业均向链条上游环节移动，且增长率较高的行业集中在制造业部门。

同样为发展中国家的印度和俄罗斯，在考察期内，印度行业上游度平均值下降，表明印度在具有向全球价值链下游环节移动的趋势。同时，印度行业上游度跨度小幅度减少，且行业上游度标准差降低，表明印度各行业在价值链上的分工位置差异在缩小，生产专业化程度具有一定提高。从变化率来看，包括金属冶炼与压延加工业、石油加工炼焦及核燃料加工业等制造业在内的 17 个行业均呈现向价值链下游移动的趋势。俄罗斯行业上游度平均值则由 2.1 增加到 2.35，表明俄罗斯在逐步向全球价值链上游环节移动，且俄罗斯行业上游度跨度明显增加，同时，俄罗斯行业上游度标准差增加，各行业在价值链上的分工位置差异不断扩

表 3-4　1995 年和 2014 年主要国家行业上游度

行业	中国			印度			俄罗斯			美国			日本		
	1995 年	2014 年	1995~2014 年（%）	1995 年	2014 年	1995~2014 年（%）	1995 年	2014 年	1995~2014 年（%）	1995 年	2014 年	1995~2014 年（%）	1995 年	2014 年	1995~2014 年（%）
c1	2.10	3.36	59.88	1.64	1.66	0.89	1.92	1.83	-4.27	2.68	2.94	10.04	2.28	2.87	25.80
c2	3.86	5.06	31.12	3.55	3.56	0.21	3.47	4.28	23.46	2.92	2.74	-6.07	3.38	3.95	16.89
c3	1.80	2.68	49.32	1.23	1.46	18.84	1.45	1.40	-3.60	1.68	1.74	3.46	1.62	1.75	7.73
c4	2.21	2.84	28.30	1.78	1.66	-6.61	1.50	1.28	-14.63	2.22	2.14	-3.65	2.07	3.16	52.30
c5	1.90	2.82	48.56	1.87	1.65	-11.77	1.33	1.27	-4.74	1.63	2.13	31.03	1.63	3.14	92.19
c6	2.81	3.74	33.03	2.53	2.18	-14.11	2.84	3.05	7.51	2.53	2.75	8.83	2.39	2.79	16.87
c7	3.26	4.08	25.22	2.51	2.20	-12.59	2.71	3.03	11.55	2.58	2.70	4.52	3.26	3.39	3.91
c8	3.54	4.42	24.69	2.57	2.49	-3.34	3.24	3.49	7.48	2.37	2.33	-1.99	2.54	2.74	7.91
c9	3.21	3.38	5.42	2.54	2.24	-11.91	2.98	3.06	2.61	2.66	2.51	-5.80	3.01	2.98	-1.08
c10	3.12	3.95	26.66	2.22	2.38	6.86	2.74	3.09	12.93	2.66	2.57	-3.14	3.05	3.39	11.47
c11	2.60	2.84	9.36	2.36	2.31	-2.03	2.55	2.55	0.23	2.61	2.58	-1.18	2.54	2.82	11.00
c12	3.36	3.60	7.08	2.93	2.53	-13.63	3.26	3.60	10.44	3.02	3.09	2.19	2.98	3.25	8.93
c13	2.47	2.77	12.54	1.70	1.94	14.01	1.67	2.24	34.26	1.83	1.92	4.71	1.68	1.90	12.93
c14	2.30	3.08	33.86	1.70	2.10	23.35	2.17	2.60	19.62	2.19	2.20	0.60	2.14	2.50	16.64
c15	2.29	2.34	2.05	1.77	1.63	-7.97	2.02	2.17	7.39	1.80	1.78	-1.40	2.38	2.05	-13.67
c16	2.20	3.02	37.54	1.84	1.94	5.38	1.66	1.99	19.54	1.57	2.51	59.93	1.95	2.43	24.61
c17	3.55	3.80	7.03	3.17	2.12	-32.92	2.98	3.46	15.92	2.06	1.87	-9.03	2.45	2.41	-1.74
c18	1.10	1.17	6.23	1.24	1.35	9.05	1.15	1.25	8.60	1.25	1.30	4.54	1.17	1.26	7.48
c20	2.76	3.10	12.19	2.12	2.05	-3.13	2.49	2.74	10.30	2.15	2.00	-7.31	2.05	2.11	2.83
c21	2.76	3.10	12.05	2.11	2.05	-2.95	2.09	2.36	13.04	1.32	1.18	-10.58	1.37	1.38	0.16

续表

行业	中国			印度			俄罗斯			美国			日本		
	1995年	2014年	1995~2014年(%)	1995年	2014年	1995~2014年(%)	1995年	2014年	1995~2014年(%)	1995年	2014年	1995~2014年(%)	1995年	2014年	1995~2014年(%)
c22	2.11	2.49	17.91	1.37	1.78	30.57	1.43	1.63	13.96	1.45	1.43	-1.37	1.81	1.69	-6.65
c23	3.04	3.40	11.65	2.06	1.92	-7.13	2.79	3.28	17.32	2.43	2.30	-5.24	2.12	2.17	2.19
c24	3.04	3.58	17.84	2.03	2.74	34.68	2.22	2.49	11.85	2.29	2.30	0.45	3.03	3.37	11.16
c25	2.79	3.08	10.52	2.02	1.91	-5.48	2.22	2.50	12.42	1.80	2.04	13.14	1.88	1.88	-0.10
c26	2.83	3.19	12.71	2.04	2.21	8.29	2.28	2.63	15.44	2.80	2.38	-15.01	2.68	2.27	-15.31
c27	2.88	3.11	7.88	2.18			2.29			2.27	2.94	29.95	2.28	2.74	20.20
c28	3.20	3.18	-0.69	2.58	2.29	-11.48	1.36	1.83	33.88	2.19	2.16	-1.08	2.55	2.20	-13.46
c29	2.08	1.91	-8.18	1.89	1.04	-45.18	1.60	1.91	19.14	1.47	1.49	1.07	1.36	1.11	-18.31
c30	2.40	3.93	63.70	1.89	2.05	8.31	1.89			2.59	2.60	0.25	2.59		
c31	1.00	1.16	15.84	1.00	1.04	3.89	1.36	1.83	34.10	1.10	1.18	7.00	1.08	1.13	4.73
c32	1.18	1.22	4.07	1.00	1.04	4.03	1.01	1.05	3.96	1.25	1.25	-0.32	1.03	1.06	3.04
c33	1.07	1.11	3.80	1.02	1.06	4.03	1.03	1.05	2.46	1.04	1.04	0.29	1.07	1.08	0.34
c34	1.98	2.46	24.11	1.95	1.53	-21.70	1.60	1.90	19.28	1.76	1.49	-15.37	1.86	1.31	-29.28
平均值	2.51	3	19.52	2.01	1.97	-1.99	2.1	2.35	11.90	2.07	2.11	1.93	2.16	2.32	7.41
标准差	0.75	0.93		0.6	0.52		0.7	0.83		0.56	0.57		0.66	0.81	

注：c1 农业、狩猎、林业和渔业；c2 采矿业；c3 食品、饮料及烟草业；c4 纺织业；c5 皮革及鞋类制造业；c6 木材加工及其制品业；c7 纸浆、纸制品及印刷出版业；c8 石油加工、炼焦及核燃料加工业；c9 化学原料及其制品业；c10 橡胶及塑料制品业；c11 非金属矿物制品业；c12 金属冶炼及压延加工业；c13 机械制造业；c14 电子及光学仪器制造业；c15 交通运输设备制造业；c16 其他制造业及回收加工业；c17 电力、煤气和水供应业；c18 建筑业；c20 批发贸易业；c21 零售业；c22 住宿和餐饮业；c23 内陆运输；c24 水路运输；c25 航空运输；c26 其他支援及辅助运输活动；c27 邮电业；c28 金融业；c29 房地产业；c30 租赁及其他商务活动；c31 公共行政与国防；c32 教育业；c33 卫生社会保障和社会福利业；c34 其他社区社会和个人服务。下同。

资料来源：根据世界投入产出数据库，由笔者测算所得。

大，生产分散化程度进一步加剧。除了农林牧渔业、纺织业等，各行业均向链条上游环节移动。增长率较高的行业包括制造业部门和服务部门。

综上所述，我国上游度水平较高的行业集中在第二产业，其中制造业占据多数，第三产业上游度水平则普遍较低，印度和俄罗斯与我国相似。从行业上游度平均值可知，相比于印度和俄罗斯，我国行业上游度水平最高，俄罗斯次之，印度中间品贸易较少，且多数行业上游度值不断降低，全球价值链分工贸易参与不足，与世界贸易发展脱节，不利于国家经济发展。

相比于发达国家，在考察期内，美国在逐步向全球价值链上游环节缓慢移动。从变化率来看，除了农林牧渔业、纺织业和食品、饮料及制品业，各行业均向链条上游环节移动，增长率较高的行业大多集中在第二产业。最后，日本在考察期内亦在逐步向全球价值链上游环节移动，且行业上游度跨度增加明显，同时，日本行业上游度标准差增加，表明日本各行业在价值链上的分工位置差异在不断扩大，生产分散化程度进一步加剧。同时，化学原料及制品、电力煤气水供应业等呈现沿链条向下游环节移动的趋势，其他各行业均向链条上游环节移动，且增长率较高的行业亦显著集中在制造业部门。

由以上分析可知，各国或地区制造业均在整个产业分工链条中处于上游位置。考察期间，中国行业上游度整体高于美国、印度等国家，且增长速度亦最高。具体来看，采矿业、金属冶炼及压延加工业等行业处于全球价值链上游环节。

上文描述性分析结果表明，各国和地区制造业部门行业处于全球价值链上游位置，为了更清晰展示行业上游度变化脉络，本小节选择（c2）采矿业、（c7）纸浆、纸制品及印刷出版业、（c8）石油加工、炼焦及核燃料加工业、（c9）化学原料及其制品业、（c12）金属冶炼及压延加工业等主要行业，分析其在中国及世界主要国家中的动态变化情况，如图3-4、图3-5所示。图3-4为我国代表性行业上游度平均值动态变化，可知，1995~2014年各行业上游度持续增长，其间受到2008年金融危机影响，各行业上游度水平均有一定的回落，其中化学原料及其制品业尤为明显。同时，采矿业上游度远远高于其他行业，化学原料及其制品业和金属冶炼及压延加工业相对较低。图3-5为世界各国代表性行业上游度平均值变动情况，可知，1995~2014年世界各代表行业上游度均呈现沿产业链条向上游移动的趋势。且2006年前，相较于其他行业，石油加工业上游度最低，2006年后反超成为价值链中所处位置最高，且向上移动速度最快的行业。相应地，石油加工业受国际市场影响亦更加明显，整体呈波浪式增长。

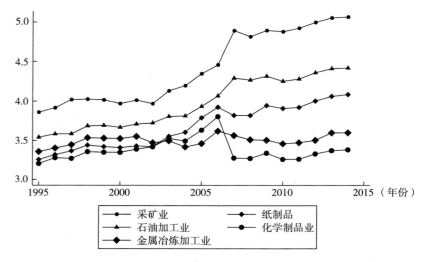

图3-4　中国代表行业的上游度平均值

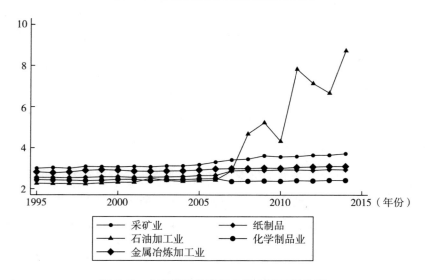

图3-5　主要国家代表行业的上游度平均值

3.2　我国出口产品质量对比分析

3.2.1　出口产品质量测算和数据说明

3.2.1.1　指标测算

基于式（2-13）出口产品质量标准化指标，整体指标如式（3-1）所示：

$$TQ = \frac{v_{gmt}}{\sum\limits_{gmt \in \Omega} v_{gmt}} \, rquality_{gmt} \qquad\qquad (3-1)$$

其中，TQ 代表对应样本集合 Ω 的整体质量，Ω 代表某一层面样本集合，v_{gmt} 代表样本价值量。运用海关数据库中的产品出口额占行业和国家层面总出口额的比率作为权重，将出口产品质量加总到行业和国家层面。

3.2.1.2　数据说明

鉴于本节主要进行出口产品质量国际比较，目前应用较为广泛的数据库中，中国海关数据库虽然数据量庞大，但是同 Feenstra 个人网站贸易数据相似，在数据年限和数据特征上均不符合本书研究对象，因此本书采用 1998~2017 年 CEPII 数据库 HS6 分位产品代码出口贸易数据，借鉴盛斌（2002）总结出的编码对照标准，国际贸易标准分类（SITC3.0）匹配 HS2002，运用第 2 章中方式测算各国整体和行业等层面出口产品质量进行对比分析。CEPII 数据库共收录了 223 个国家产品出口目的国、产品出口额和数量的数据，为了克服数据库中原始数据的缺失等问题，保持指标测算的准确性，借鉴已有文献中对数据的处理方法，删除信息缺失数据，比如企业名称、出口目的国名称缺失数据等；删除单笔贸易额小于50 或单笔贸易量小于 1 的数据；为了运用价格工具变量，删除只出口到同一国家的产品样本，得到 1998~2017 年的 47786952 个数据。依据 TIVA 数据库、"一带一路"数据库和 WIOD 数据库中的国家名录，本节筛选在国际贸易中占据较重要地位的国家进行比较分析，最终确定 67 个主要国家。仅保留 67 个国家数据后，数据量为 43993057，占总数据量的 92%，对整体数据具有强代表性，体现了本节国家筛选的科学性和合理性。

3.2.2 出口产品质量特征比较分析

3.2.2.1 国家层面

根据式（3-12）基于 CEPII 数据库求得 67 个国家和地区的出口产品质量指标如表 3-5 所示。横向来看，1998 年各国出口产品质量指标区间由 [0.42，0.92] 变为 [0.4，0.92]，几乎没有变化，可知各国产品质量水平差距相对稳定。出口产品质量水平较靠前的国家分别为瑞士、爱尔兰、瑞典、美国和韩国，较靠后的国家为文莱、菲律宾、阿拉伯联合酋长国、塞浦路斯和伊朗。考察期间，我国出口产品质量由 0.66 增长为 0.72，整体上处于相对较高位置。综合来讲，与其他国家相比，我国出口产品质量排名在 9~15 位中波动，在 67 个国家中处于较高位置，但仍落后于多数发达国家。

表 3-5　各国历年出口产品质量指标

国家	1998 年	2003 年	2008 年	2013 年	2017 年	1998~2008 年（%）	2008~2017 年（%）	1998~2017 年（%）
中国	0.66	0.73	0.71	0.73	0.72	7.69	1.50	9.31
文莱	0.43	0.48	0.42	0.46	0.40	−1.50	−4.68	−6.11
菲律宾	0.43	0.45	0.55	0.55	0.46	26.61	−15.47	7.03
阿联酋	0.46	0.57	0.55	0.51	0.47	19.79	−14.34	2.61
伊朗	0.41	0.58	0.48	0.50	0.47	14.83	−0.43	14.33
哥斯达黎加	0.52	0.52	0.55	0.51	0.48	5.84	−13.07	−8.00
拉脱维亚	0.48	0.51	0.60	0.57	0.49	24.16	−17.81	2.05
克罗地亚	0.48	0.51	0.56	0.55	0.49	16.70	−11.98	2.72
巴基斯坦	0.57	0.57	0.62	0.59	0.50	9.48	−19.05	−11.37
柬埔寨	0.55	0.51	0.39	0.48	0.51	−30.10	31.06	−8.39

续表

国家	1998 年	2003 年	2008 年	2013 年	2017 年	1998~2008 年（%）	2008~2017 年（%）	1998~2017 年（%）
智利	0.45	0.47	0.45	0.55	0.51	2.17	12.01	14.44
乌克兰	0.50	0.51	0.55	0.54	0.51	8.61	-6.70	1.33
越南	0.56	0.60	0.61	0.58	0.52	8.14	-15.08	-8.17
尼日利亚	0.48	0.54	0.60	0.60	0.53	24.98	-10.90	11.35
印度	0.49	0.52	0.54	0.56	0.53	11.99	-2.17	9.57
突尼斯	0.53	0.52	0.65	0.58	0.55	23.19	-16.42	2.96
爱沙尼亚	0.54	0.56	0.61	0.57	0.55	13.79	-9.67	2.79
保加利亚	0.56	0.57	0.59	0.57	0.55	4.42	-6.10	-1.95
泰国	0.56	0.57	0.61	0.61	0.56	10.14	-9.36	-0.17
阿根廷	0.49	0.50	0.57	0.58	0.56	16.49	-2.62	13.44
沙特阿拉伯	0.50	0.51	0.53	0.53	0.56	5.42	6.64	12.42
俄罗斯	0.62	0.62	0.60	0.59	0.57	-4.22	-4.46	-8.49
罗马尼亚	0.52	0.54	0.57	0.54	0.57	9.38	0.05	9.44
摩洛哥	0.54	0.51	0.63	0.61	0.58	15.68	-7.20	7.35
土耳其	0.52	0.56	0.61	0.61	0.58	16.70	-4.15	11.86
马来西亚	0.52	0.55	0.61	0.62	0.59	17.91	-4.60	12.49
哥伦比亚	0.52	0.54	0.55	0.59	0.59	6.52	6.92	13.88
立陶宛	0.59	0.58	0.64	0.60	0.59	7.32	-7.33	-0.55
波兰	0.53	0.54	0.60	0.57	0.59	13.61	-2.30	11.00
南非	0.53	0.56	0.59	0.62	0.59	11.15	0.77	12.01
秘鲁	0.51	0.51	0.58	0.58	0.59	13.31	2.90	16.59
哈萨克斯坦	0.55	0.60	0.65	0.66	0.62	19.28	-4.82	13.53
埃及	0.52	0.59	0.63	0.61	0.62	21.42	-1.57	19.51
墨西哥	0.56	0.62	0.67	0.67	0.63	19.05	-5.13	12.94
印度尼西亚	0.58	0.59	0.67	0.65	0.63	16.33	-5.74	9.66
巴西	0.57	0.66	0.67	0.68	0.64	17.45	-5.06	11.50
塞浦路斯	0.52	0.61	0.52	0.57	0.47	0.03	-10.01	-9.99
葡萄牙	0.55	0.62	0.63	0.60	0.48	15.08	-24.03	-12.57
新加坡	0.53	0.51	0.56	0.55	0.56	7.23	-0.57	6.62
奥地利	0.53	0.51	0.58	0.59	0.57	9.56	-3.32	5.92
斯洛伐克	0.57	0.63	0.62	0.64	0.57	7.94	-8.14	-0.84

续表

国家	1998 年	2003 年	2008 年	2013 年	2017 年	1998~2008 年（%）	2008~2017 年（%）	1998~2017 年（%）
荷兰	0.61	0.50	0.57	0.59	0.57	-5.65	-0.90	-6.50
捷克	0.52	0.52	0.55	0.57	0.58	6.26	4.60	11.15
法国	0.53	0.56	0.54	0.56	0.58	1.86	6.51	8.49
芬兰	0.57	0.53	0.57	0.61	0.58	-0.03	2.63	2.60
德国	0.54	0.57	0.61	0.59	0.59	14.39	-4.19	9.60
比利时	0.55	0.60	0.61	0.63	0.60	12.22	-1.40	10.64
希腊	0.51	0.59	0.58	0.60	0.61	14.53	4.67	19.88
新西兰	0.64	0.63	0.66	0.68	0.63	3.76	-4.93	-1.36
西班牙	0.55	0.63	0.62	0.63	0.63	11.85	2.50	14.64
意大利	0.56	0.58	0.58	0.56	0.63	2.55	9.24	12.02
斯洛文尼亚	0.65	0.68	0.66	0.68	0.67	1.96	1.51	3.49
日本	0.67	0.67	0.73	0.69	0.69	7.82	-5.16	2.26
以色列	0.65	0.68	0.72	0.74	0.70	11.02	-2.82	7.89
匈牙利	0.62	0.63	0.70	0.72	0.71	13.32	1.73	15.28
加拿大	0.64	0.71	0.72	0.76	0.72	11.60	0.79	12.48
英国	0.81	0.80	0.82	0.80	0.73	2.16	-11.08	-9.16
丹麦	0.67	0.68	0.75	0.81	0.76	12.32	1.31	13.80
冰岛	0.77	0.74	0.75	0.81	0.78	-2.29	4.17	1.78
马耳他	0.72	0.75	0.83	0.81	0.78	15.88	-6.42	8.43
挪威	0.72	0.80	0.82	0.83	0.79	14.18	-3.57	10.10
澳大利亚	0.63	0.65	0.78	0.81	0.80	23.94	2.32	26.81
韩国	0.77	0.73	0.78	0.75	0.82	0.34	5.43	5.78
美国	0.84	0.90	0.93	0.88	0.85	9.87	-8.79	0.21
瑞典	0.92	0.92	0.97	0.95	0.90	5.18	-7.01	-2.19
爱尔兰	0.88	0.88	0.92	0.92	0.91	4.72	-1.17	3.50
瑞士	0.92	0.88	0.92	0.91	0.92	-0.95	0.80	-0.16
平均值	0.58	0.60	0.64	0.64	0.61			
标准差	0.11	0.11	0.12	0.11	0.12			

纵向来看，1998~2017 年，67 个国家中俄罗斯、保加利亚等 16 个国家出口

产品质量水平下降，其中下降幅度最大的国家为巴基斯坦，达 11.37%。此外，其他国家出口产品质量水平均提高，增长率最高的是澳大利亚，为 26.81%。中国出口产品质量增长率为 9.31%，可知大部分国家出口产品质量水平处于上升趋势。另外，表 3-5 中显示 1998~2017 年各国出口产品质量标准差增长，可知各国在积极参与国际专业化分工的同时，出口产品质量水平差异进一步扩大。总而言之，1998~2017 年考察期内，我国出口产品质量整体处于中上游环节，且呈现继续向上提升趋势。世界绝大多数国家出口产品质量水平得到提升。

为了进一步明晰各国国家整体出口产品质量水平的变化，以及我国出口产品质量与其他国家动态对比，根据既定标准对 67 个发达国家和发展中国家，运用公式（2-12），以各国行业出口额占总出口额比重作为权重，再取平均值测算发达国家、发展中国家出口产品质量水平，做出折线图如图 3-6 所示。

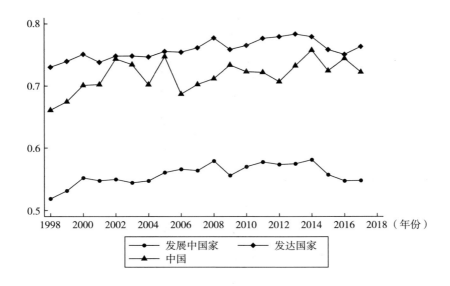

图 3-6　不同类别国家出口产品质量轨迹

由图 3-6 可知，全局来看，不管如何区分样本，各国虽有经济发展水平差异，但出口产品质量水平在考察期内总体均提高，其中中国表现出曲折上升趋势。相比来说，发达国家和发展中国家平均出口产品质量水平平稳小幅度增长，亦同样受 2008 年全球性金融危机影响，产品质量水平有一定的下降。同时，考察期内中国出口产品质量虽不及发达国家，但是在发展中国家产品质量的平均值之上，且增长速度更快。

3.2.2.2 制造业层面

为了进一步分析我国出口产品质量水平和发展趋势，本小节测算我国及世界主要国家制造业出口产品质量指标，并进行比较分析。

根据式（3-1）基于 CEPII 数据库求得 67 个国家和地区的制造业出口产品质量指标如表 3-6 所示。横向来看，1998～2017 年各国制造业出口产品质量指标在区间由［0.48, 0.76］变为［0.47, 0.79］，跨度增加，各国制造业出口产品质量水平差距扩大。制造业出口产品质量水平靠前的国家分别为美国、加拿大、瑞士、爱尔兰和乌克兰，靠后的国家为哥斯达黎加、阿联酋、克罗地亚、巴基斯坦和越南。综合来讲，我国制造业出口产品质量处在第 21～44 位，整体处于较低位置。对外开放以来，我国虽凭借劳动力成本和资源比较优势大幅度提高贸易额，但也陷入了"高量低质"的贸易陷阱。

表 3-6　各国历年出口产品质量指标

国家	1998 年	2003 年	2008 年	2013 年	2017 年	1998～2008 年（%）	2008～2017 年（%）	1998～2017 年（%）
中国	0.58	0.62	0.62	0.65	0.67	6.93	7.13	14.56
阿根廷	0.58	0.63	0.61	0.60	0.61	4.47	−0.52	3.93
阿联酋	0.56	0.60	0.61	0.58	0.49	8.46	−19.50	−12.69
埃及	0.62	0.62	0.67	0.60	0.60	8.90	−10.21	−2.22
爱沙尼亚	0.52	0.57	0.62	0.57	0.57	19.07	−7.79	9.80
巴基斯坦	0.57	0.57	0.62	0.58	0.50	9.29	−19.51	−12.03
巴西	0.62	0.71	0.69	0.68	0.68	10.28	−0.69	9.53
保加利亚	0.56	0.56	0.58	0.56	0.55	3.68	−5.83	−2.36
波兰	0.53	0.57	0.61	0.63	0.62	13.57	1.90	15.73
俄罗斯	0.66	0.66	0.69	0.67	0.68	5.34	−2.23	3.00

续表

国家	1998 年	2003 年	2008 年	2013 年	2017 年	1998~2008 年（%）	2008~2017 年（%）	1998~2017 年（%）
菲律宾	0.48	0.51	0.55	0.57	0.53	15.81	−4.41	10.70
哥伦比亚	0.58	0.62	0.68	0.68	0.65	16.26	−4.51	11.01
哥斯达黎加	0.52	0.52	0.54	0.50	0.47	5.25	−12.98	−8.41
哈萨克斯坦	0.56	0.58	0.60	0.59	0.57	6.10	−4.29	1.55
柬埔寨	0.55	0.57	0.46	0.56	0.52	−15.20	12.27	−4.80
克罗地亚	0.49	0.54	0.58	0.53	0.49	18.40	−15.57	−0.04
拉脱维亚	0.55	0.61	0.60	0.56	0.58	9.26	−3.59	5.34
立陶宛	0.59	0.55	0.64	0.59	0.60	8.80	−7.21	0.96
罗马尼亚	0.51	0.54	0.60	0.57	0.60	16.36	0.10	16.48
马来西亚	0.53	0.51	0.58	0.61	0.58	8.24	1.00	9.32
秘鲁	0.66	0.69	0.68	0.66	0.67	2.73	−1.48	1.21
摩洛哥	0.56	0.55	0.64	0.60	0.59	13.19	−7.81	4.35
墨西哥	0.61	0.68	0.69	0.70	0.68	12.51	−1.03	11.35
南非	0.61	0.53	0.57	0.56	0.54	−6.58	−4.95	−11.20
尼日利亚	0.61	0.47	0.67	0.54	0.69	10.97	2.01	13.20
沙特阿拉伯	0.55	0.51	0.56	0.63	0.56	2.09	−0.40	1.68
泰国	0.56	0.56	0.61	0.61	0.55	7.99	−9.35	−2.10
突尼斯	0.53	0.52	0.60	0.53	0.53	13.88	−12.95	−0.86
土耳其	0.52	0.61	0.62	0.60	0.61	19.20	−1.20	17.76
文莱	0.61	0.66	0.57	0.56	0.63	−6.55	11.21	3.93
乌克兰	0.69	0.72	0.75	0.75	0.71	8.20	−4.62	3.20
伊朗	0.68	0.63	0.68	0.72	0.67	0.23	−1.82	−1.59
印度	0.54	0.58	0.57	0.59	0.58	5.78	1.12	6.96
印度尼西亚	0.56	0.61	0.64	0.66	0.64	15.06	0.19	15.29
越南	0.53	0.59	0.61	0.58	0.51	15.75	−16.88	−3.79
智利	0.63	0.65	0.64	0.65	0.63	1.88	−1.25	0.61
爱尔兰	0.67	0.70	0.70	0.73	0.72	4.00	3.09	7.21
奥地利	0.64	0.65	0.66	0.66	0.65	4.13	−2.00	2.04
澳大利亚	0.65	0.63	0.64	0.62	0.62	−2.35	−1.92	−4.22
比利时	0.66	0.67	0.68	0.67	0.66	2.92	−3.98	−1.18
冰岛	0.65	0.66	0.62	0.63	0.65	−4.58	4.49	−0.30

续表

国家	1998 年	2003 年	2008 年	2013 年	2017 年	1998~2008 年 （%）	2008~2017 年 （%）	1998~2017 年 （%）
英国	0.60	0.61	0.62	0.61	0.61	2.11	-0.58	1.51
丹麦	0.62	0.63	0.65	0.64	0.63	4.33	-2.46	1.77
德国	0.64	0.65	0.68	0.66	0.67	6.13	-2.02	3.99
法国	0.63	0.65	0.65	0.65	0.64	4.20	-1.98	2.14
芬兰	0.66	0.64	0.68	0.68	0.65	2.40	-4.79	-2.51
韩国	0.67	0.69	0.71	0.71	0.70	5.49	-0.82	4.62
荷兰	0.65	0.65	0.67	0.65	0.66	3.65	-1.03	2.58
加拿大	0.73	0.74	0.73	0.72	0.73	-0.55	0.33	-0.23
捷克	0.67	0.68	0.69	0.68	0.68	3.13	-0.81	2.29
马耳他	0.66	0.64	0.66	0.60	0.63	0.58	-5.13	-4.59
美国	0.76	0.77	0.75	0.75	0.79	-1.79	5.75	3.85
挪威	0.66	0.66	0.67	0.67	0.62	0.88	-6.96	-6.14
葡萄牙	0.67	0.67	0.66	0.68	0.67	-0.60	1.37	0.76
日本	0.64	0.66	0.68	0.68	0.67	5.93	-1.56	4.28
瑞典	0.62	0.63	0.65	0.64	0.65	4.34	0.38	4.74
瑞士	0.76	0.75	0.72	0.68	0.73	-4.26	0.47	-3.81
塞浦路斯	0.64	0.66	0.61	0.64	0.59	-3.75	-3.21	-6.84
斯洛伐克	0.71	0.71	0.71	0.71	0.71	-0.22	-0.16	-0.38
斯洛文尼亚	0.68	0.67	0.68	0.68	0.67	-1.00	-1.12	-2.11
西班牙	0.66	0.66	0.66	0.67	0.67	0.78	0.79	1.58
希腊	0.66	0.67	0.68	0.67	0.68	3.32	-0.14	3.17
新加坡	0.63	0.64	0.65	0.63	0.65	3.59	0.09	3.68
新西兰	0.69	0.70	0.68	0.68	0.67	-1.46	-1.28	-2.73
匈牙利	0.69	0.69	0.70	0.70	0.69	1.54	-1.79	-0.28
以色列	0.62	0.60	0.62	0.63	0.63	0.07	1.11	1.18
意大利	0.64	0.66	0.66	0.65	0.65	2.74	-0.59	2.13
平均值	0.61	0.63	0.64	0.64	0.63			
标准差	0.06	0.06	0.05	0.06	0.07			

纵向来看，1998~2017 年，67 个国家中哥斯达黎加、阿联酋等 25 个国家制

造业出口产品质量水平下降，其中阿联酋的增长率最低。除此之外，其他国家制造业出口产品质量水平均提高，增长率最高的是土耳其，为 17.76%。中国制造业出口产品质量增长率为 14.56%，可知仍有大部分国家制造业出口产品质量水平持续提高。另外，表 3-6 中显示 1998～2017 年各国制造业出口产品质量标准差增长，可知各国制造业出口产品质量水平差异进一步扩大。

总而言之，1998～2017 年考察期内，我国制造业出口产品质量整体处于中游环节，且呈现继续向上提升趋势，世界大多数国家制造业出口产品质量水平得到提升，同时国家间质量水平差异进一步扩大。

为了进一步明晰各国国家制造业出口产品质量水平的变化，以及我国制造业出口产品质量与其他国家动态对比，根据既定标准对 67 个发达国家和发展中国家，运用公式（3-1），以各国行业出口额占总出口额比重作为权重，再取平均值测算发达国家、发展中国家制造业出口产品质量水平，做出折线图如图 3-7 所示。

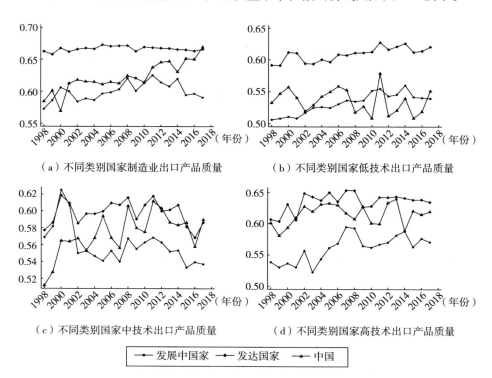

（a）不同类别国家制造业出口产品质量　　　（b）不同类别国家低技术出口产品质量

（c）不同类别国家中技术出口产品质量　　　（d）不同类别国家高技术出口产品质量

—◆— 发展中国家　　—◆— 发达国家　　—▲— 中国

图 3-7　不同类型国家制造业与分技术制造业出口产品质量变化

由图3-7（a）可知，全局来看，中国、发达国家和发展中国家制造业出口产品质量水平在考察期内呈现上升状态，其中发达国家的增长趋势一致较为稳定，发展中国家特别是我国的出口产品质量提升态势相应较为曲折。相比来说，发达国家和发展中国家制造业平均出口产品质量水平平稳小幅度增长，质量水平有一定的起伏。同时，考察期内中国制造业出口产品质量水平在2001年超过发展中国家平均水平，并在2017年追赶至发达国家平均水平，取得了长足进步。

将制造行业在国民经济行业二分位层面划分为高中低技术制造业①，根据公式（2-12）分别测算发达国家、发展中国家分技术制造业出口产品质量指标，并与中国低中高技术制造业产品质量水平进行比较分析，结果如图3-7（b~d）所示。分析可知，1998~2017年我国低技术、中技术和高技术制造业出口产品质量数值整体呈现上升状态，其中中技术制造业增加更快，低技术制造业次之，高技术制造业速度最慢。同时，通过横向对比来看，我国高技术制造业具有较高出口产品质量水平，且处于发达国家和发展中国家平均值之间。中技术制造业出口产品质量值亦基本上位于发展中国家和发达国家之间，且起伏性较大。低技术制造业出口产品质量则相对较低。在考察期内，2008年制造业出口产品质量水平出现波动，根据时间点分析很可能是受金融危机的影响。另外，我国高技术制造业产品质量值在2013~2015年出现较大波动，2013~2014年急速下降，2004~2015年急速上升。

3.2.2.3　部门层面

类似于第3章方式，根据公式（2-12）测算中国、印度、俄罗斯、美国和日本1998年和2017年的行业出口产品质量指标，如表3-7所示。在考察期内，中国行业出口产品质量平均值增加，表明我国出口产品质量实现升级。同时，我国

---

① 低技术行业：食品、饮料及烟草业，纺织业，皮革及鞋类制造业，木材加工及其制品业，纸浆、纸制品及印刷出版业，其他制造业及回收加工业；中技术行业：石油加工、炼焦及核燃料加工业，橡胶及塑料制品业，非金属矿物制品业，金属冶炼及压延加工业；高技术行业：化学原料及其制品业、机械制造业、电子及光学仪器制造业、交通运输设备制造业。

表3-7 主要国家各行业出口产品质量

行业	中国			俄罗斯			印度			美国			日本		
	1998年	2017年	变化率(%)	1998年	2017年	变化率(%)	1998年	2017年	变化率(%)	1998年	2017年	变化率(%)	1998年	2017年	变化率(%)
煤炭采选业	0.81	0.78	-2.87	0.78	0.78	0.23	0.79	0.83	5.73	0.87	0.88	0.30	0.60	0.41	-31.12
石油和天然气开采业	0.83	0.80	-3.67	0.77	0.81	4.84	0.76	0.85	12.46	0.87	0.69	-21.14	0.84	0.87	3.41
黑色金属矿采选业	0.56	0.70	26.34	0.66	0.71	7.19	0.82	0.84	2.34	0.77	0.79	3.72	0.89	0.92	3.78
有色金属矿采选业	0.65	0.65	-0.02	0.65	0.65	-0.56	0.74	0.66	-10.35	0.71	0.83	16.30	0.60	0.90	49.83
非金属矿采选业	0.54	0.58	8.18	0.69	0.73	5.66	0.68	0.73	7.69	0.65	0.80	22.87	0.62	0.68	9.27
木材和竹材采运业	0.67	0.76	13.52	0.68	0.77	13.60	0.57	0.72	27.00	0.77	0.82	6.41	0.71	0.85	18.75
食品加工和制造业	0.58	0.60	3.15	0.63	0.58	-7.68	0.64	0.70	8.98	0.69	0.68	-0.67	0.62	0.59	-5.58
饮料制造业	0.45	0.45	-1.87	0.38	0.46	21.97	0.71	0.65	-9.03	0.72	0.70	-3.70	0.71	0.66	-6.83
烟草加工业	0.77	0.79	2.87	0.88	0.73	-17.51	0.55	0.74	34.24	0.87	0.78	-10.83	0.88	0.85	-3.39
纺织业	0.59	0.57	-3.38	0.56	0.55	-0.86	0.49	0.57	15.66	0.64	0.66	3.35	0.61	0.54	-11.37
服装与其他纤维制品业	0.61	0.58	-5.18	0.46	0.49	6.56	0.62	0.61	-1.78	0.71	0.53	-25.20	0.59	0.58	-0.75
皮革毛皮羽绒及其制品业	0.71	0.69	-2.44	0.52	0.55	6.42	0.60	0.64	6.33	0.56	0.65	15.56	0.64	0.59	-6.75
木材加工及竹藤棕草制品业	0.58	0.64	11.29	0.74	0.66	-11.71	0.30	0.60	103.01	0.70	0.67	-4.94	0.63	0.59	-6.80
家具制造业	0.70	0.72	2.79	0.62	0.69	11.03	0.60	0.64	7.91	0.74	0.77	5.29	0.70	0.75	7.11
造纸及纸制品业	0.62	0.66	6.85	0.73	0.68	-6.62	0.54	0.62	13.80	0.71	0.73	3.21	0.64	0.70	9.87
印刷出品业	0.72	0.69	-4.82	0.38	0.58	53.04	0.60	0.65	8.97	0.75	0.76	1.05	0.68	0.71	4.01
文教体育用品制造业	0.63	0.65	3.91	0.31	0.60	92.08	0.45	0.56	25.16	0.59	0.66	10.96	0.69	0.64	-6.88
石油加工及炼焦业	0.72	0.73	1.19	0.72	0.69	-4.27	0.83	0.63	-24.37	0.73	0.79	6.96	0.78	0.89	13.95
化学原料及化学制品制造业	0.49	0.54	11.41	0.66	0.63	-4.35	0.46	0.52	13.39	0.58	0.67	15.66	0.59	0.65	10.04

续表

行业	中国			俄罗斯			印度			美国			日本		
	1998年	2017年	变化率(%)	1998年	2017年	变化率(%)	1998年	2017年	变化率(%)	1998年	2017年	变化率(%)	1998年	2017年	变化率(%)
医药制造业	0.50	0.54	6.64	0.55	0.57	4.66	0.50	0.70	38.56	0.61	0.67	10.28	0.51	0.63	24.48
化学纤维制造业	0.61	0.70	15.39	0.68	0.64	-5.37	0.63	0.71	11.82	0.72	0.81	11.54	0.77	0.79	2.87
橡胶制造业	0.55	0.68	23.75	0.63	0.73	15.41	0.57	0.64	11.44	0.74	0.75	1.32	0.70	0.74	6.17
塑料制造业	0.69	0.60	-13.19	0.53	0.62	18.40	0.56	0.61	7.85	0.73	0.65	-11.76	0.70	0.72	2.54
非金属矿物制品制造业	0.47	0.62	32.21	0.50	0.11	-79.02	0.52	0.04	-92.67	0.52	0.56	8.82	0.45	0.55	20.86
黑色金属冶炼及压延工业	0.57	0.61	7.29	0.67	0.69	2.33	0.57	0.64	12.02	0.67	0.71	6.66	0.72	0.78	7.18
有色金属冶炼及压延工业	0.67	0.64	-4.49	0.74	0.61	-17.63	0.59	0.74	27.24	0.74	0.70	-5.27	0.71	0.73	2.87
金属制品业	0.58	0.61	5.36	0.53	0.53	1.37	0.51	0.59	16.12	0.69	0.60	-13.57	0.62	0.66	6.16
普通机械制造业	0.55	0.63	14.41	0.45	0.45	1.78	0.45	0.47	2.35	0.59	0.58	-2.01	0.69	0.72	5.36
专业设备制造业	0.50	0.52	3.96	0.57	0.57	1.19	0.29	0.51	78.24	0.58	0.58	-1.35	0.56	0.65	16.82
交通运输设备制造业	0.60	0.63	4.01	0.47	0.48	1.71	0.52	0.64	22.75	0.65	0.69	6.86	0.79	0.79	0.40
电器机械及器材制造业	0.60	0.60	0.76	0.42	0.55	28.73	0.49	0.50	2.23	0.60	0.55	-7.64	0.58	0.57	-2.43
电子及通信设备制造业	0.59	0.62	4.75	0.33	0.48	42.99	0.46	0.44	-4.11	0.57	0.60	4.80	0.70	0.63	-8.83
仪器仪表及文化办公制造业	0.70	0.66	-4.72	0.52	0.38	-27.13	0.44	0.54	22.24	0.64	0.63	-2.50	0.69	0.72	4.70
其他制造业	0.65	0.55	-14.73	0.43	0.45	3.20	0.50	0.20	-60.15	0.48	0.40	-15.53	0.65	0.49	-24.02
煤气生产及供应业	0.83	0.87	5.26	0.15	0.76	395.16	0.64	0.90	40.30	0.93	0.93	0.19	0.94	0.88	-6.10
平均值	0.63	0.65	3.67	0.57	0.60	4.82	0.57	0.62	8.21	0.69	0.69	0.63	0.68	0.70	2.72
标准差	0.10	0.09	-9.63	0.16	0.14	-11.71	0.13	0.16	29.84	0.10	0.11	4.73	0.10	0.12	19.06

行业出口产品质量数值跨度明显增加，且我国行业出口产品质量标准差由 1998 年的 0.1 降低到 2017 年的 0.09，表明我国各行业出口产品质量差异有一定的减少，生产分散化程度并没有加剧。从变化率来看，烟草加工业、石油加工炼焦业、化学纤维制造业等 12 个行业出口产品质量水平降低，其他大部分行业出口产品质量水平提高，且增长率较高的行业集中在中技术制造业部门。

同样为发展中国家的印度和俄罗斯，在考察期内，印度行业出口产品质量平均值增加，表明印度出口产品质量实现升级。同时，行业出口产品质量数值跨度明显增加。且行业出口产品质量标准差增加，表明印度各行业出口产品质量差异性增加，生产分散化程度加剧。从变化率来看，首先，除了有色金属矿采选业、饮料制造业等 6 个行业出口产品质量水平降低之外，其他行业出口产品质量水平提高，且增长率较高的行业集中在制造业部门。其次，同样地，俄罗斯行业出口产品质量实现升级，且行业出口产品质量数值跨度减小。同时，俄罗斯行业出口产品质量标准差降低，表明俄罗斯各行业出口产品质量差异性减小，生产分散化程度并没有加剧。除有色金属矿采选业、纺织业等 12 个行业出口产品质量水平降低，其他大部分行业出口产品质量水平提高，且增长率较高的行业集中在低技术制造业部门。

综上所述，与印度和俄罗斯相比，我国各行业出口产品质量平均值整体处于较高位置，类似地，增长率较高的行业多数均集中在制造业。

相对于发达国家，在考察期内，美国行业出口产品质量平均值并没有发生变化，行业出口产品质量数值跨度增加，同时，行业出口产品质量标准差增加，表明美国各行业出口产品质量差异具有一定增加，生产分散化程度有加剧的趋势。从变化率来看，除食品加工和制造业、专业设备制造业等 14 个行业出口产品质量水平降低，其他大部分行业出口产品质量水平提高，且增长率较高的行业集中在中低技术制造业部门。

在考察期内，日本行业出口产品质量实现升级，且行业出口产品质量数值跨度和标准差增加，表明日本各行业出口产品质量差异有一定的增加，生产分散化程度加剧。从变化率来看，服装与其他纤维制品业、电器机械及器材制造业等 13 个行业出口产品质量水平降低，其他大部分行业出口产品质量水平提高，且增长率较高的行业集中在中低技术制造业部门。

由以上分析可知，世界各国制造业出口产品质量增长率较高的行业多数属于制造业。采选业凭借其固有资源优势，具有更高质量水平。考察期间，从出口产品质量平均值可知，相比于印度和俄罗斯，我国出口产品质量值最高，印度次之，俄罗斯最低。然而，我国行业出口产品质量水平仍不及发达国家。

3.3　本章小结

本章运用 1995~2014 年的世界投入产出表和 1998~2017 年的 CEPII 数据库测算了贸易上游度和出口产品质量指标，并通过国际横向和纵向对比分析揭示我国贸易上游度和出口产品质量发展现状。

关于我国贸易上游度发展现状如下：

（1）整体而言，世界绝大多数国家整体上游度水平得到提升，对比其他国家，我国整体处于全球价值链上游环节，且呈现继续沿链条向上移动趋势。发达国家整体上向最终消费端移动。

（2）产业层面，相比于服务部门，世界各国和地区生产部门在全球价值链中处于上游位置，且中国具有更高的上游度。我国制造业亦高于其他国家，处于全球价值链上游环节，且呈现继续沿链条向上移动趋势。其中，我国中技术制造业处于产业链较高环节，且低技术制造业增加更快，发达国家低中高技术上游度在 2014 年后均出现向全球价值链下游环节移动的趋势。

（3）部门层面，我国上游度水平较高的部门集中在第二产业，制造业占据多数，第三产业上游度水平则普遍较低。印度、俄罗斯、美国和日本行业上游度具有相似的特征。具体地，采矿业、金属冶炼及压延加工业等部门处于全球产业链分工环节的上游阶段。

（4）基于上游度视角进行行业相似度匹配，我国产业结构仍属于发展中国家行列，与发达国家间的产业结构尚存在一定的差距。

综上所述，我国仍以附加值较低的加工贸易生产方式嵌入全球价值链，虽有利于我国对外贸易快速发展，但亦面临"低端锁定"的困境，因此，应促进产业结构优化升级、探索新时期参与国际分工新路径。

关于我国出口产品质量发展现状如下：

（1）整体而言，世界绝大多数国家整体出口产品质量水平得到提升，对比其他国家，我国出口产品质量仍处于中下游位置，呈现持续增长的趋势。同时国家间出口产品质量差异区间扩大。

（2）产业层面，世界各国大力发展制造业，出口产品质量不断提高，从平均值来看，发达国家制造业出口产品质量上升态势较为平稳。我国制造业出口产品质量水平处于发展中国家和发达国家均值之间，属于中等水平，呈现较大幅度曲折上升趋势。不同技术制造业出口产品质量提高幅度和速度均有差异，虽然均处于持续提高趋势，但总体来看，我国高技术水平出口产品质量水平更高，而中技术水平制造业出口产品质量水平增速最快，中技术制造业出口产品质量值亦基本上位于发展中国家和发达国家之间，且起伏性较大。

（3）部门层面，各国行业出口产品质量水平不断提高，但增长率更高的行业大多数仍集中在制造业。采选业凭借其固有资源优势，具有更高质量水平。从出口产品质量平均值可知，相比于印度和俄罗斯，我国出口产品质量值最高，印度次之，俄罗斯最低。然而，与发达国家相比，我国行业出口产品质量还有待进一步提升。

综上可知，1998~2017 年我国整体及各层面出口产品质量持续提升，然而距离我国有效增强贸易竞争力的目标依然任重而道远。提高技术水平、加大力度实现自主创新实力、加快推进高质量贸易发展是我国新时期关键任务所在。

综合来看，我国对外贸易发展的过程亦是不断深度嵌入全球价值链的过程，贸易上游度的不断提高证实了这一点。由上述数据分析可知，我国贸易上游度处于较高水平且仍不断提高，相应的我国进出口贸易额亦不断上涨，可能存在一定的正向关系，但是相比来看，我国出口产品质量的增长并不显著，那么贸易上游度是否对贸易质量有影响？结合第2章中对企业全球价值链嵌入和出口产品质量关系的相关文献梳理，企业嵌入全球价值链对出口产品质量的影响还存在争议，贸易上游度的作用效应也需要进一步验证。因此，接下来的章节将进一步聚焦微观企业层面，从出口上游度、进口上游度和贸易上游度距离三个角度探究企业贸易上游度和出口产品质量的理论关系，并深度检验各角度微观作用机理。

第4章 贸易上游度影响出口产品质量的理论机制分析

第3章通过国际比较描述了我国贸易上游度和出口产品质量发展现状，相比于其他国家，我国整体贸易上游度持续处于较高水平，而我国出口产品质量基本处于中等水平，那么贸易上游度提高是否并不利于出口产品质量升级？为了解决这一问题，本章从理论上分析贸易上游度对出口产品质量的影响和机制。

4.1 贸易上游度影响出口产品质量的理论基础

4.1.1 国际分工理论

社会发展的初始并不存在分工，而随着生产力的不断发展，由于个人能力、社会环境和资源等原因，不同区域发展不可避免地出现了技术差异，基于利益的趋同，由此自然地产生了不同技术产品的分工，这一说法正是亚当·斯密在《国富论》中的核心观点。以此观点为基础，不断优化的经济发展方式是针对自身绝对优势生产对应商品，通过进口相对劣势产品，生产优势产品进行贸易实现双方利益最大化。绝对优势理论的出现首次提出了各国可以通过国际贸易分工实现经济共同发展、"双赢"的结果。然而，在国际贸易分工中，可能存在劳动生产率"两极化"现象，即一国由于经济发展较快，各方面劳动生产率均较高，另一国则经济发展较慢，各方面劳动生产率存在均较低的现象，而这二者亦产生了贸易分工。海闻等（2005）在研究中论证了此现象的存在，很显然绝对优势理论并不能解释这一现象。绝对高劳动生产率国家和绝对低劳动生产率国家贸易问题在李嘉图比较优势理论中得到了解释，强调生产技术的绝对优势并不能有效解答国际贸易分工的实际案例。因此，在此基础上进一步挖掘了劳动生产率的相对差异特性，从生产成本和相对利润不同的角度，尝试对现有的生产技术两极化的国家之间的分工贸易情况进行解释。李嘉图的相对比较优势一定程度上突破了绝对比较优势理论的局限性，但是并没有跳脱将劳动生产率作为唯一生产要素的束缚，仍然忽略了资本和资源等要素的作用，具有较大局限性。直到 1933 年，瑞典古典经济学家 Ohlin 和 Heckscher 提出要素禀赋理论，一国产品生产投入要素选择上，若需运用本国较丰裕资源或资本等要素生产，则可进行出口；相反地，若需要付出本国较稀缺资源或资本等要素，则为了实现成本最小化，选择直接进口。与绝对优势理论和比较优势理论，要素禀赋理论同时将劳动、资本和自然资源等要素考虑进入模型中，是对比较优势理论的进一步深化和完善。

然而 20 世纪 60 年代后，特别是"二战"后，国际贸易开始出现一些不同的新特征：一是经济结构趋同的发达国家的贸易量急速上升；二是相比之下国际贸易总量中工业制成品占比越来越大；三是国际贸易中同一产业部门内贸易比重上升。此与要素比较优势理论相悖，传统比较优势并不能合理解释这一国际分工模式。1970~1980 年，垄断竞争模型得到长足发展，Krugman、Helpman 等学者尝试将其引入国际贸易的研究中，以期进一步完善贸易理论，更精确地探析贸易分工问题。研究结论认为即便国家间具有相似的技术和要素禀赋，也可能由于规模经济开展国际竞争，并在竞争环境中实现跨国贸易，解释了经济结构趋同的发达国家为什么仍能够实现贸易量急速上升的问题，开始将国际贸易的关注点从产业间贸易转移到对产业内贸易的研究中。

贸易分工的逐步细化促使经济不断趋于一体化，1990 年之后，为了获得要素资源等优势，各个国家特别是发达国家开始出现跨国公司，随着公司规模的持续扩大和数量的快速增长，逐渐成为经济全球化的核心载体。学术研究中，微观数据的可获得性使国际贸易研究向企业层面延伸，遂发现在同一产业内部，出口企业和非出口企业在企业规模、企业劳动生产率等方面均存在显著差异，国际分工研究开始关注企业异质性问题。要素成本直接影响企业的生产成本和利润等经济效益，国际市场激烈的竞争倒逼跨国公司采取一切手段降低成本和获取最大利润，以至于不断拓宽跨国区域，进而实现在全球范围内的要素资源配置优化。伴随科技水平的迅速发展，企业产品的生产技术愈加先进，整个产品生产和各环节价值增值过程得以标准化和分割化。至此跨国公司将产品价值创造的各环节按照价值增值的大小进行分割后，结合全球资源要素特征，实现以价值链条环节为对象的国际分工，形成全球价值链分工模式。

全球价值链分工以产品的生产工序为客体，研发、设计、零部件生产、组装、售后服务等，以企业为主体，模糊了国家和产业的界限，实现全球资源的优化配置。全球范围内参与分工的企业专注于生产链条的某一环节，将零部件、服务等转移到特定地点，完成最后的组装，进而推向销售市场。整个价值链分工方式具有较强的贸易创造效应。然而，一方面，为了降低劳动成本，发达国家主导企业将劳动密集型产业向劳动力更为丰富的发展中国家转移，较大程度上提高了发展中国家就业水平，进而提高国民收入。另一方面，一般来说，提高技术水平主要来源于以下两种方式：其一为主动研发的结果；其二则属于被动式的经济行为学习和模仿，即经济学研究中经常提到的技术溢出和干中学。技术进步的表现则为技术和人力资本水平的提高、新工艺的出现、产品和服务的多样化等，最终表现为企业生产效率的提高。企业参与全球价值链分工正是通过第二种方式实现生产效率提高的过程（Gorzig & Stephan，2002）。综上分析，由国际分工理论向全球价值链理论的演变是国际贸易不断发展的结果，其所带来的产品转移和技术传递成为本书研究出口产品质量影响因素的重要基础。

4.1.2　网络嵌入理论

20 世纪 30 年代，为了研究社会关系中的小群体行为，莫雷诺（Moreno）提出了网络的概念，成为后续网络嵌入理论发展的开端。20 世纪 50~80 年代，网络概念主要关注不同社会群体、社会组织群体的跨界联合、交互关系和特征研究。网络组织在不同的学者研究视角中表现为超越市场与企业的经济维度，网络参与成员基于信任、互惠等形成的长期关系的历史维度，通过集体学习形成的认知维度以及由责任和义务构建起来的规范维度（林竞君，2005）。而知识信息社会、互联网技术发展和经济互惠关系演进形成了特定的企业网络组织，表现为企业间或企业和非企业间的正式（企业股权、契约、联盟等）和非正式（信任、共享等）关系。随着网络组织向社会化概念延伸，人们对经济活动的认知从市场交易向复合型社会经济关系转变。基于现实背景，波兰尼提出嵌入性概念，其含义是指诸如贸易、货币交易等经济行为嵌入于社会、宗教、文化以及政治制度之间，受其影响和制约，形成一种复杂的横纵网络结构。网络嵌入理论是社会关系理论重要内容，格兰诺维特（1985）的相关著作使嵌入型理论研究成为一种新的社会经济活动分析范式，嵌入性行为是客观存在的，经济行为不能脱离社会结构独立存在，亦不能不受社会结构限制，而是在动态、多变的社会关系中博弈，实现自身多维度发展的过程。在其认知中，嵌入理论应该包括"关系性"和"结构性"两种不同的嵌入视角。关系性嵌入和结构性嵌入都以信任机制为根本，个体经济活动嵌入个人关系，同时嵌入更广阔的社会结构，进而呈现网络嵌入网络多层次嵌套过程，最终帮助个体从整体网络中获取并学习知识。

将网络嵌入理论应用在国际贸易研究中，聚焦于全球价值链网络，许晖等（2018）认为其具有"核心—外围"的权力结构特征，并符合动态演化特性。结构性嵌入全球价值链企业受益于"倒逼效应"，加快技术升级、提高产品质量以增强贸易竞争力，进而匹配国际市场（Bas 等，2014），逐步由价值网络外围向核心移动。关系性嵌入全球价值链企业则受益于"机会效应",通过与价值网络参与国建立联系,获取市场信息和最新知识、技术动向,向价值链网络中心位置攀升。我国作为后发发展中国家,嵌入全球价值链一方面可通过"机会效应",与发展中国家合作共赢,获取市场信息,扩大国际市场份额;与发达国家建立贸易联系,学习先进技术水平和现代管理模式,掌握最新技术动向。另一方面可通过"倒逼效应",显著提高企业技术创新倾向,促进我国工业转型升级(王玉燕,2014)。以图 4-1 中 A 企业嵌入网络组织为例,在现有市场、政治制度和社

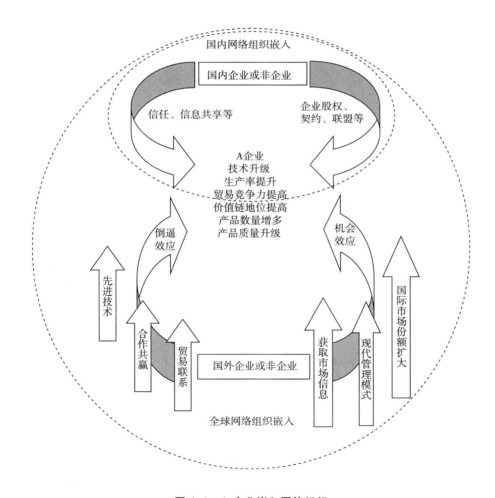

图 4-1　A 企业嵌入网络组织

会环境中实现企业间交流和信息等资源共享，在不断竞争中提高生产率和技术水平，跨过国际市场门槛实现企业出口，进一步嵌入全球价值链网络，取得"倒逼效应"和"机会效应"，呈现国内组织网络和全球网络组织多层次嵌套特征。总之，我国从参与国际贸易到不断深度嵌入全球价值链，是不断接受市场检验的过程。出口企业直面国际贸易规则和国际市场竞争，倒逼我国国内产业结构升级。因此，理论上讲，企业嵌入全球价值链有利于技术创新，实现出口产品质量升级。

4.2 出口上游度影响出口产品质量的理论机制

4.2.1 出口上游度影响出口产品质量的数理模型

在进一步探讨出口上游度影响出口产品质量的机制之前，构建数理模型推导二者之间的关系，并结合相关理论为机制分析奠定基础。

本小节将出口上游度水平纳入 Dixit-Stiglitz 垄断竞争框架内，建立同质化和差异化产品模型，在高越等（2011）研究的基础上，从单一劳动要素投入扩展为劳动、技术双要素投入，从生产环节的上下移动推导出口上游度与出口产品质量的关系。假设存在 h 和 f 两个国家，投入劳动和技术两种生产要素，有着相同的劳动力和技术禀赋。

4.2.1.1 消费者行为

假设一个国家 h，存在同质产品和差异化产品两个最终产品生产部门，分别表示为 A、M，A 部门属于完全竞争市场，M 部门属于垄断竞争市场。消费者效用函数如下所示：

$$U^h = Q_{Mh}^{\mu} Q_{Ah}^{1-\mu}, \quad 0 < \mu < 1 \tag{4-1}$$

其中，Q_M 和 Q_A 分别表示对 h 国差异性产品组合和同质产品的消费，μ 和 $1-\mu$ 则分别表示其支出份额。Q_M 表示为不变替代弹性函数：

$$Q_M^h = \Big[\sum_{i=1}^{n} (\lambda_i^h q_i^h)^{\frac{\sigma-1}{\sigma}} \Big]^{\frac{\sigma}{\sigma-1}}, \quad \sigma>1 \tag{4-2}$$

其中，i 表示 h 国差异化产品，q_i 表示差异化产品消费量，$\lambda_i>0$ 表示差异化产品质量，式（4-2）表明产品质量与效用水平成正比；n 表示产品种类数，假设一个企业只生产一种产品，则 n 也代表企业个数；σ 表示产品替代弹性。设 h 国同质产品价格为 P_A，P_M 为质量调整后的差异化产品组合价格，公式如下：

$$P_M^h = \Big[\sum_{i=1}^{n} \Big(\frac{p_i^h}{\lambda_i^h} \Big)^{1-\sigma} \Big]^{\frac{1}{1-\sigma}} \tag{4-3}$$

其中，p_i 为差异化产品 i 的价格。基于此，效用最大化公式如下：

$$\max U^h = Q_{Mh}^{\mu} Q_{Ah}^{1-\mu} \tag{4-4}$$

$$\text{s. t. } P_A^h Q_A^h + P_M^h Q_M^h = E^h \tag{4-5}$$

求解可得：

$$Q_A^h = \frac{(1-\mu)E^h}{P_A^h}, \quad Q_M^h = \frac{\mu E^h}{P_M^h} \tag{4-6}$$

代入公式（4-2）可得对 h 国差异性产品 i 的消费为：

$$q_i^h = \frac{\mu E(\lambda_i^h)^{\sigma-1}(p_i^h)^{-\sigma}}{(P_M^h)^{1-\sigma}} \tag{4-7}$$

4.2.1.2　h 国生产者行为

结合现实生产过程的分工专业化程度，假设差异化产品在生产过程中细化为无数个生产环节，且 h 国在各生产环节中凭借不同的比较优势，将生产链条由大到小分布在 ［0，1］ 上进行生产。设定 h 国在上游环节具有比较优势，即生产环节越靠近 0，h 国比较优势越大。在整个生产环节中选择 s 点作为生产分割点。根据概念，企业出口上游度为企业出口产品到达最终消费品的平均距离，那么对于 h 国来说，（$1-s$）即表示出口上游度水平，s 值越小（越趋近于 0），表示出口上游度水平越高。因此，为了优化资源分配，h 国企业选择同时生产中间品和最终品。在 $[0, s]$ 区间生产中间品，部分向 f 国进行出口，同时在 $[s, 1]$ 区间进行最终品生产。假设 G^h 为生产差异化产品企业需支出的固定成本，包括企业管理、宣传、研发等。设定 l_M^h 为 h 国生产 1 单位差异化产品的劳动投入，$[0, s]$ 阶段 h 国劳动力投入为 sl_M^h，$[s, 1]$ 阶段花费的 h 国劳动力成本投入为 $(1-s) l_M^h$，那么 1 单位差异化产品总生产要素投入量为：

$$Z_M^h = sl_M^h + (1-s)l_M^h + k(s) \tag{4-8}$$

$k(s)$ 衡量的是 h 国 1 单位差异化产品中包含的技术投入量，s 越小表示 h 国出口上游度越高，在完整产业链条中，下游产品总是包含上游产品的信息和技术，因此相较之下，上游度较高产品包含的技术较少，具有更低技术含量（Antràs，2013）。因此可知 s 越大，技术投入量越高，即 $k'(s) > 0$，且 $k''(s) > 0$。

在比较优势阶段，h 国 1 单位固定质量的差异化产品所需成本如下：

$$w_{1i} = s\lambda_i^h \theta_1 \tag{4-9}$$

式（4-9）表示成本与生产环节 s 成正比，承担生产环节越多，成本越大。θ（$\theta > 0$）表示国家既定质量水平，其值越小，表明生产单位质量花费成本越低。

假设国家间出口存在贸易成本 τ（$\tau > 1$），由式（4-8）和式（4-9）可得市场边际成本，具体如下：

$$MC_i^h = \tau sl_M^h + (1-s)l_M^h + k(s) + \tau s\lambda_i^h \theta_1 \tag{4-10}$$

其中，τ 为 h 国出口到 f 国所花费的贸易成本。则企业利润为：

$$\max \pi = q_i^h P_i^h - q_i^h MC_i^h - G^h \tag{4-11}$$

将式（4-7）到式（4-12）相关变量代入得：

$$\max \pi = \frac{\mu L (\lambda_i^h)^{\sigma-1} (P_i^h)^{-\sigma}}{(P_M^h)^{1-\sigma}} \{ P_i^h - \tau sl_M^h - (1-s)l_M^h - k(s) - \tau s\lambda_i^h \theta_1 \} \tag{4-12}$$

在此模型假设框架内，可假设差异化组合价格 P_M^h 为常数，进而考察单个企业决策问题。对式（4-12）中的 s 求偏导可得：

$$\lambda_i^h = \frac{l_M^h(1-\tau) - k'(s)}{\tau \theta_1} \tag{4-13}$$

继续对式（4-13）中的 s 求偏导得：

$$\frac{d\lambda_i^h}{ds} = -\frac{k''(s)}{\tau\theta_1} \qquad (4-14)$$

由 $k''(s) > 0$ 可得 $\frac{d\lambda_i^h}{ds} < 0$。可知 s 值减小，即出口上游度提高，h 国产品质量水平提高。企业出口上游度提高意味着全球价值链嵌入位置上升和嵌入程度加深。上游行业固定资产规模更大，行业企业若想存活就面临更高的临界生产率，而随着市场竞争中低生产率企业的持续退出，上游行业平均利润率和生产率也将更高（Ju 等，2015）。利润率的提高将产生激励效应，促使企业扩大劳动力规模和出口规模，从而获得收入效应。同时，生产率的提升对出口产品质量的正向作用用已经得到验证。综上数理推导结果并结合图 4-2 中国家层面出口上游度和出口产品质量变化趋势，由此提出：

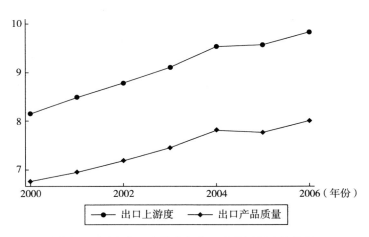

图 4-2 国家出口上游度和出口产品质量变化趋势

命题 1：企业出口上游度水平提高有利于出口产品质量升级。

4.2.2 出口上游度影响出口产品质量的机制分析

接下来需要讨论，企业出口上游度对出口产品质量作用机制为何？借鉴施炳展等（2014）企业产品质量异质性模型框架，得出制造企业出口产品质量表达式如下：

$$\lambda(\psi,\ \xi)=\left[\frac{1-\alpha}{\beta}\left(\frac{\sigma-1}{\sigma}\right)^{\sigma}\left(\frac{\psi}{c}\right)^{\sigma-1}\frac{\xi}{f}\frac{E}{P}\right]^{\frac{1}{\beta'}} \tag{4-15}$$

其中，$\beta'=\beta-(1-\alpha)(\sigma-1)>0$，$0<\alpha<1$，$\beta>\beta'$，$\alpha$、$\beta$ 分别表示边际成本质量弹性和固定成本质量弹性。λ 表示出口产品质量，Ψ 表示企业生产率，ξ 表示企业固定成本投入效率，E、P 分别表示消费者支出和价格指数，c、f 分别表示可变投入和固定投入的单位价格，σ 表示边际成本质量弹性（取 $\sigma=3$）。可知，企业可通过提高全要素生产率和研发效率促进产品质量升级。

（1）企业全要素生产率的作用。全要素生产率是经济增长的决定性因素，其与企业出口产品质量正向关系在已有实证文献中多次被证明（施炳展，2013）。结合全要素生产率测算方式，为了避免 OLS 估计可能存在的内生性问题，以及 OP 估计中作为代理变量的投资数据不能完全响应生产率变化的问题（龚关等，2013），LP 半参数估计法成为更合适的测算方式，其中涉及的相关计算变量包括工业增加值、中间投入、从业人员和资本存量，可知，劳动力规模效应、资本投入规模效应和中间品投入效应与企业全要素生产率直接相关。全球价值链嵌入使我国制造企业面对更大的市场规模，激励其扩大劳动力、资本和中间品投入规模，以获得规模效应。随着价值链嵌入程度不断加深，企业中间品投入效应更多地表现为进口中间品投入效应。国内外学者以不同国家为对象研究进口与全要素生产率的关系，检验得出进口中间品显著提高了智利制造业全要素生产率（Kasahara 等，2008）。印度尼西亚企业亦具有相似特征，通过进口中间品，企业可实现11%的生产率提升（Amiti 等，2007）。进口产品市场带来的成本节约效用和外部竞争压力，加之国内竞争压力，对我国企业全要素生产率起到关键激励作用，是我国制造业企业出口产品质量提高有效作用机制。

首先，国际分工原因之一本身就是产品生产过程在全球市场的资源优化配置，基于要素禀赋比较优势，进口中间产品与国内产品存在互补性，企业嵌入全球价值链能够拥有更多选择权，在一定程度上降低中间品投入成本（Halpern，

2015)，因此，有更充足的资金应用到生产率提高和技术升级。其次，一国企业技术能力提升是促进产品质量提高的内生动力，而提升技术水平的途径之一就是产品进口，特别是发达国家高技术中间品进口。中间品进口引致国际技术溢出效应是一国发挥"后发优势"，提高技术水平、促进产品质量升级的重要途径（Eaton 等，2002）。我国作为发展中国家，国内企业通过进口贸易的方式替代国内产品，直接应用于产品生产中，具有正向技术溢出效应，能够显著提高产品技术含量，缩短技术研发周期，利用后发优势实现产品质量升级。基于此，其他条件不变时，企业出口上游度可能通过劳动力规模效应、资本投入规模效应、中间品投入效应、进口产品质量、产品种类以及产品技术溢出效应提高全要素生产率，从而提高企业出口产品质量。

（2）企业研发效率的作用。基于要素禀赋比较优势的国际分工和产品内分工将各国囊括进全球产业链条之中，而立足要素禀赋比较优势的专业化分工会使一国专注于发挥优势，企业生产、技术投入和出口结构亦很大可能集中在自身具有比较优势的产品上。产品内分工深化也促使一国在生产网络中选择具有比较优势的生产环节。贸易发展初期，我国虽然具有成本和资源比较优势，但由于市场结构发展不完善、技术能力不足，在发达国家已占据有利位置的全球贸易中，我国仅能以低附加值劳动密集型产业嵌入全球价值链，通过学习效应获得技术升级，对国外的技术依赖性不断增强（程文先等，2017）。因此，对于发展中国家来说，全球价值链嵌入虽能够提高产业集群模仿创新能力，实现企业延续性和渐进性的生产效率"溢价"，但通常表现为外生非技术创新的促进作用，对产业集群自主创新能力则具有抑制效应（席艳乐，2015）。王玉燕（2014）亦通过引入二次平方项，实证指出我国企业嵌入全球价值链对技术进步的推动作用存在合理区间，随着嵌入程度的无限度加深，可能会抑制企业技术升级。基于以上讨论并结合现实发展，研发需要花费大量成本，且周期较长，无法在短时间内投入市场，企业为了短期内提高利润，多会选择将资金应用于固定资本投资和扩大劳动力规模，致使外生动力显著，企业生产内生动力不足。综上可得：

假设 1：企业出口上游度可能通过企业劳动力和中间品投入规模效应、进口产品质量、产品种类以及产品技术溢出效应提高全要素生产率，进而促进制造企业出口产品质量升级，而企业技术研发效率的内生动力中介效应可能并不显著。

4.3 进口上游度影响出口产品质量的理论机制

4.3.1 进口上游度影响出口产品质量的数理模型

同样地，先构建进口上游度影响出口产品质量的数理模型，上文通过构建 h 国生产函数推导出口上游度对出口产品质量的影响，本部分在此基础上构建 f 国生产函数。

4.3.1.1 消费者行为

假设一个国家 f 存在同质产品和差异化产品两个最终产品生产部门，分别表示为 A、M，A 部门属于完全竞争市场，M 部门属于垄断竞争市场。与上一小节 h 国消费函数类似，得出对 f 国差异性产品 i 的消费为：

$$q_i^f = \frac{\mu E (\lambda_i^f)^{\sigma-1} (p_i^f)^{-\sigma}}{(P_M^f)^{1-\sigma}} \tag{4-16}$$

4.3.1.2 f 国生产者行为

同样假设 f 国在各生产环节中凭借不同的比较优势，将生产链条分布在 $[0, 1]$ 上进行生产。设定 f 国在下游环节具有比较优势，即生产环节越靠近 1，f 国比较优势越大。在整个生产环节中同样选择 s 点作为生产分割点，因此 f 国倾向于在进口 h 国中间品的基础上生产 s 之后的产业环节，最终品分销国内和 h 国市场。根据概念，企业进口上游度为企业进口产品到达最终消费品的平均距离，那么对于 f 国来说，（$1-s$）即表示进口上游度水平，s 值越小，进口上游度水平就越高。假设 G^f 为生产差异化产品企业需指出的固定成本，包括企业管理、宣传、研发等。设定 l_M^f 为 f 国生产 1 单位差异化产品的劳动投入，$[0, s]$ 阶段 f 国劳动力投入为 sl_M^f，$[s, 1]$ 阶段花费的 f 国劳动力成本投入为 $(1-s)l_M^f$，生产 1 单位差异化产品生产投入量为：

$$Z_M^f = sl_M^f + (1-s)l_M^f + a(s) \tag{4-17}$$

其中，$a(s) = a(f(s), k(s))$，$k(s)$ 衡量的是 h 国出口产品中包含的技术成本，即 f 国进口产品中技术含量，有 $k'(s) > 0$，且 $k''(s) > 0$，可表示为中间品进口的"技术溢出效应"。$f(s)$ 为 f 国技术投入成本，已知 s 越大意味着 f 国进口中间品的技术含量越高，那么在单位产品技术含量既定的情况下，f 国进口中间品的技术含量提高，将减少本国单位技术投入量，因此可设定 $f'(s) < 0$，且 $f''(s) < 0$，可理解为是由于进口中间品技术含量增加而挤出本土企业技术投入量产生的效应，在此表示为中间品进口的技术挤出效应。

设定在比较优势阶段，f 国一单位固定质量的差异化产品所需成本如下：

$$w_{2i} = s\lambda_i^f \theta_2 \tag{4-18}$$

式（4-18）表示成本与生产环节 s 成正比，承担生产环节越多，则成本越大。θ（$\theta > 0$）表示国家既定质量水平，值越小，生产单位质量花费成本越低。

假设国家间出口存在冰山贸易成本 τ（$\tau > 1$），由式（4-17）和式（4-18）可得供应 f 国市场边际成本，具体如下：

$$MC_i^f = \tau\{\tau sl_M^f + (1-s)l_M^f + a(s) + \tau s\lambda_i^f \theta_2\} \tag{4-19}$$

其中，大括号外的 τ 表示 f 国向 h 国出口最终品的冰山贸易成本，大括号中的 τ 为 h 国出口中间品到 f 国所花费的贸易成本。则企业利润为：

$$\max \pi = q_i^f P_i^f - q_i^f MC_i^f - G^h \tag{4-20}$$

将式（4-15）到式（4-20）相关变量代入得：

$$\max \pi = \frac{\mu L(\lambda_i^f)^{\sigma-1}(P_i^f)^{-\sigma}}{(P_M^f)^{1-\sigma}}\{P_i^f - \tau^2 sl_M^f - \tau(1-s)l_M^f - \tau a(s) - \tau^2 s\lambda_i^f \theta_2\} \tag{4-21}$$

在此模型假设框架内，可假设差异化组合价格 P_M^f 为常数，进而考察单个企业决策问提。对式（4-21）中的 s 求偏导可得：

$$\lambda_i^f = \frac{L_M^f(1-\tau) - a'(s)}{\tau\theta_2} \qquad (4-22)$$

继续对式（4-22）中的 s 求偏导可得：

$$\frac{d\lambda_i^f}{ds} = -\frac{a''(s)}{\tau\theta_2} \qquad (4-23)$$

由 $a(s) = a(f(s), k(s))$，可知 s 值与出口产品质量的关系受 $f(s)$ 和 $k(s)$ 的影响，即进口上游度与出口产品质量的关系受进口产品"技术溢出效应"和"技术挤出效应"影响。可通过以下两种情况分别讨论：①当进口产品技术溢出效应足够大时，$a''(s) \to k''(s)$，由于 $k''(s) > 0$ 可得 $a''(s) > 0$，$\frac{d\lambda_i^f}{ds} < 0$。表明 s 值变小，出口产品质量水平越高，即进口上游度水平提高有利于出口产品质量升级。②当进口产品技术挤出效应足够大时，$a''(s) \to f''(s)$，由于 $f''(s) < 0$ 可得 $a''(s) < 0$，$\frac{d\lambda_i^f}{ds} > 0$。表明 s 值变小，出口产品质量水平越低，即进口上游度水平提高不利于出口产品质量升级。

一国进口动力主要来源于技术加成，此受益于产品进口技术溢出效应。一方面，日益开放的国际市场，使各国突破要素禀赋束缚，在全球范围内搜索"性价比"较高产品，作为中间品投入生产或直接流入消费市场，节省的资金或扩大中间品投入和生产规模，或用于技术研发，企业因此获得规模效应和技术升级，成为出口产品质量升级助力。另一方面，中间品内嵌出口国知识和技术，进出口形式可实现技术扩散和转移（Johnson 和 Noguera，2017）。实证检验证实，中间品进口确实具有正向技术溢出效应，从而提高进口国产品技术复杂度和质量（Grossman，1991；唐海燕，2009；邱斌，2012）。我国作为加工贸易大国，进口中间品成为参与全球价值链条、吸收国外先进技术的重要渠道之一。然而，零部件进口能够促进技术水平提高，而成套机器设备进口却不利于技术升级（楚明钦等，2013）。高技术工业制成品通过技术溢出效用带动进口国技术水平（罗勇等，

2017)。但一味依赖进口中间品将产生技术挤出效应，不利于企业本身技术的升级（刘维林等，2014），当产品技术含量一定时，进口产品技术含量越高，进口企业本身需要的技术投入量就越低，不利于企业自身技术研发和升级。

进口上游度代表进口产品上游度指数越高，距离最终消费端越远，主要作为中间品投入生产；上游度指数越低，越接近最终品。进口上游度较高的产品集中于低技术原材料行业，上游度较低的产品多是中高技术工业制成品，下游环节产品包含上游产品的信息和技术，具有更高的产品复杂度和技术含量（Antràs，2013）。随着进口上游度进一步提高，中间品技术含量越来越低，技术溢出效应和技术挤出效应发生变动，结合上文数理推导结论，由此提出：

命题2：进口上游度与制造企业出口产品质量存在非线性关系。即在进口产品技术溢出效应高于技术挤出效应时，进口上游度提高有利于促进出口产品质量升级；技术溢出效应低于技术挤出效应时，进口上游度进一步增加，将抑制制造企业出口产品质量提高。

4.3.2 进口上游度影响出口产品质量的机制分析

那么，进口上游度对出口产品质量的影响机制为何？基于现有文献研究，本书从进口产品和企业两个角度得出以下途径：

（1）增加进口产品种类。进口上游度攀升，意味着价值链嵌入程度不断加深，全球价值链参与国摆脱要素禀赋束缚，更多地选择国外中间品投入生产。随着进口产品向上游环节移动，企业进口产品选择从最终品向最终品和中间品混合进口转变，产品进口种类增加，提高中间品投入多样性。中间品进口多元化是进口贸易影响的三个基本渠道之一，具有成本节约效应，是优化进口贸易结构，提高出口产品质量的重要途径。进口中间产品与国内产品存在互补性，基于要素禀赋比较优势，企业能够较大程度拥有更多的选择权，在一定程度上降低中间品投入成本（Goldberg，2010；Halpern，2015），可以有更充足资金应用到生产率提高和技术升级上。因此，进口产品种类增加能够增强进口上游度对制造企业出口产品质量升级正向效应。

（2）提高进口产品技术溢出。中间品进口引致国际技术溢出效应是一国发挥后发优势，提高技术水平、促进产品质量升级的重要途径（Grossman 等，1991；Eaton 等，2002）。我国作为发展中国家，国内企业通过进口贸易的方式，以国外高技术中间品替代国内产品，直接应用于产品生产，具有正向技术溢出效应，提高产品技术含量，促进产品质量升级。进口上游度是进口产品全球价值链嵌入位置的直接体现。网络嵌入理论包括结构性嵌入和关系性嵌入，二者以信任机制为根本，均能够加快网络知识传播，帮助个体从整体网络中获取并学习知识，且应用于企业网络实践中，即可促进企业创新能力（张方华，2010）。就全球价值链而言，从结构性嵌入考虑，下游环节产品会包含上游产品的技术，因此较之上游环节，下游环节产品具有更高的技术水平。按理来说，随着进口上游度攀升，进口产品技术溢出会降低，从而不利于出口产品质量升级。结合关系性嵌入，进口产品上游度越高，全球价值链嵌入程度越深，越能够发挥机会效应，通过与价值网络参与国建立联系，获取市场信息和最新知识、技术动向，促进出口产品质量升级。因此，在一定技术水平区间内，进口上游度攀升，关系性嵌入的机会效应能够抵消进口产品技术溢出效应一定程度的下降，通过正向技术溢出效应促进出口产品质量升级；进口上游度继续攀升，进口产品技术溢出效应降低到一定程度，可能会不利于出口产品质量升级，此推断亦会在后续进行实证检验。

（3）提升企业全要素生产率。全要素生产率是经济增长的决定性因素，与企业出口产品质量正向关系在已有实证文献中多次被证明（施炳展，2013）。企业全要素生产率提高不只依赖于进口，特别就我国而言，依托庞大国内市场，企业层面全要素生产率提高离不开国内市场竞争（World Bank，2013）。然而，受技术水平限制，我国国内市场竞争更多推动低效率企业全要素生产率提升，对高效率企业激励作用不大（简泽等，2012），因此，积极扩大进口，直面国际竞争压力，是提高我国出口产品质量的重要驱动力量。有国内外学者以不同国家为对象研究进口与全要素生产率的关系，进口中间品显著提高了智利制造业全要素生产率（Kasahara 等，2008）。进口上游度攀升是增强对外开放力度、提高进口自由度、增强全球价值链嵌入深度的表现，进口产品市场带来的成本节约效用和外部竞争压力，结合国内竞争压力，对我国企业全要素生产率起到关键激励作用，是我国制造业企业出口产品质量提高有效影响因素。

（4）提高企业研发效率。从企业投入资金进行技术研发，到研发技术应用于产品生产环节才完成了技术创新的整个过程。企业进行技术研发作为产品生产的内生增长动力，是提高企业生产技术水平、扩大国内外市场份额、为贸易竞争力加码的关键途径，进而为出口产品质量升级提供持续性的动力机制。然而，一方面，由于技术创新效率的"时滞性"和市场不确定性增加了创新活动的风险，这一风险主要表现在研发环节上（罗丽英等，2016）。另一方面，企业研发需要投入大量成本，包括高技术人才、资金、配套设施等，进一步提高了企业开展技术研发的门槛。进口贸易可在一定程度上解决以上问题，知识具有可复制性和可模仿性的非竞争性产品特征，中间品进出口形式实现的技术扩散和转移（Johnson 和 Noguera，2017）可实现对国外高技术产品的研究、模仿并进一步创新，推动新一轮技术研发，一定程度上缩短研发周期。进口上游度攀升促使国内企业深度嵌入全球价值链，进口最终品和中间品，实现进口产品内嵌技术转移和扩散，促进企业出口产品质量升级。综上可得：

假设 2：企业进口上游度可能通过进口产品种类、进口产品技术溢出、企业全要素生产率和研发效率影响出口产品质量升级。

4.4　贸易上游度距离影响出口产品质量的理论机制

4.4.1　贸易上游度距离影响出口产品质量的数理模型

上文中通过构建 h 国和 f 国生产和消费函数，分别推导出口上游度和进口上游度作用效应，解决了企业出口或进口产品到达最终消费品的距离变动对出口产品质量的影响。然而目前国际贸易环境中，存在部分企业既是中间品进口者亦是中间品出口者的情况，上述推论并不能解决此类企业贸易上游度变动对出口产品质量的影响效应，基于此，本小节进一步引入进口上游度和出口上游度的差值，即贸易上游度距离，考察贸易上游度距离变动对企业出口产品质量的影响。

4.4.1.1 消费者行为

假设跨国公司面对母国（h）、第三国（I）和东道国（f）和三个国家，具有相同的劳动力 L，存在同质产品和差异化产品两个部门，分别表示为 A、M，A 部门属于完全竞争市场，M 部门属于垄断竞争市场。基于上文推导过程，可得对差异性产品 i 的消费为：

$$q_i = \frac{\mu E (\lambda_i)^{\sigma-1} (p_i)^{-\sigma}}{(P_M)^{1-\sigma}} \tag{4-24}$$

4.4.1.2 生产者行为

结合上文设定，跨国公司在 $[0, 1]$ 的环节中选择两个分割点 s_1 和 s_2，为了优化资源分配，$[0, s_1]$ 阶段环节在母国进行先进中间品生产，在母国中间品的基础上，选择第三国生产 $[s_1, s_2]$ 环节产品，最后将进口第三国中间品在东道国进行 $[s_2, 1]$ 生产环节，再向母国和第三国返销。根据上游度概念，$(1-s_1)$ 和 $(1-s_2)$ 即是第三国的进口上游度和出口上游度，二者差值 (s_2-s_1) 即为第三国的贸易上游度距离。当 s_2 不变时，s_1 值减小意味着整体生产环节向上游移动，(s_2-s_1) 值变大，意味着第三国的国内产品生产环节增加，贸易上游度距离增加。假设 G 为生产差异化产品企业需指出的固定成本，包括企业管理、宣传、研发等，为简化模型，设定为均在母国进行。设定 L_M^h 为母国生产 1 单位差异化产品的劳动投入，$[0, s_1]$ 阶段母国劳动力投入为 $s_1 L_M^h$，$[s_1, s_2]$ 阶段劳动力投入即为 $(s_2-s_1) L_M^h$，$[s_2, 1]$ 阶段劳动力投入即为 $(1-s_2) L_M^h$。因此东道国最下游阶段生产劳动投入为：

$$L_M^I = (s_2-s_1) L_M^h - \alpha F(s_1, s_2) \tag{4-25}$$

$$L_M^f = (1-s_2)L_M^h - \beta F(s_1, s_2) \tag{4-26}$$

由于第三国和东道国分别在中游和下游环节具有比较优势，因此在劳动投入均小于其他两国，即 $\alpha>0$，$\beta>0$ 且 $F(s_1, s_2)>0>0$。假设最终产品质量由母国、第三国和东道国两个生产阶段的产品质量 λ_{1i}，λ_{2i} 和 λ_{3i} 决定如下：

$$\lambda_i = \lambda_{1i}\lambda_{2i}\lambda_{3i} \tag{4-27}$$

在各自比较优势阶段，母国和东道国生产1单位固定质量的差异化产品所需成本如下：

$$w_{1i}=s_1\lambda_{1i}\theta_1, \quad w_{2i}=(s_2-s_1)\lambda_{2i}\theta_2, \quad w_{2i}=(1-s_2)\lambda_{3i}\theta_3 \tag{4-28}$$

式（4-28）表示成本与生产环节分割点成正比，承担生产环节越多，成本越大。θ（$\theta>0$）表示国家质量水平，值越小，生产单位质量花费成本越低。

假设国家间出口存在冰山贸易成本 τ（$\tau>1$），由式（4-25）和式（4-28）可得供应消费市场边际成本，具体如下：

$$MC_i^h = \tau \left\{ \begin{array}{l} \tau s_1 L_M^h + \tau(s_2-s_1)L_M^h - \alpha F(s_1, s_2) + (1-s_2)L_M^h - \beta F(s_1, s_2) + \\ \tau s_1\lambda_{1i}\theta_1 + \tau(s_2-s_1)\lambda_{2i}\theta_2 + \tau(1-s_2)\lambda_{3i}\theta_3 \end{array} \right\} \tag{4-29}$$

其中，大括号外的 τ 表示东道国向母国和第三国出口最终品的冰山贸易成本，大括号中的 τ 为母国出口到第三国以及第三国出口到东道国所花费的贸易成本。则企业利润为：

$$\max \pi = q_i^h P_i^h - q_i^h MC_i^h - G \tag{4-30}$$

将式（4-24）到式（4-30）相关变量代入得：

$$\max \pi = \frac{\tau\mu L(\lambda_i)^{\sigma-1}(P_i^h)^{-\sigma}}{(P_M^h)^{1-\sigma}} \left\{ \begin{array}{l} P_i^h - \tau s_1 L_M^h - \tau(s_2-s_1)L_M^h + \alpha F(s_1, s_2) - (1-s_2)L_M^h + \\ \beta F(s_1, s_2) - \tau s_1\lambda_{1i}\theta_1 - \tau(s_2-s_1)\lambda_{2i}\theta_2 - \tau(1-s_2)\lambda_{3i}\theta_3 \end{array} \right\} \tag{4-31}$$

在此模型假设框架内，可假设差异化组合价格 P_M^h 为常数，进而考察单个企业决策问题。基于此，分别对式（4-31）中的 s_1、λ_1、λ_2 求偏导得出生产最优化结果，具体如下：

$$L_M^h(1-\tau) + (\alpha+\beta)F'(s_1, s_2) - \tau\lambda_{1i}\theta_1 + \lambda_{2i}\theta_2 = 0$$

$$(\sigma-1)(P_i^h-MC_i^h)=\tau^2 s_1\theta_1\lambda_{1i}$$

$$(\sigma-1)(P_i^h-MC_i^h)=\tau(s_2-s_1)\theta_2\lambda_{2i} \tag{4-32}$$

式（4-32）联合求解可得：

$$\frac{ds_1}{d\lambda_{2i}}=\frac{\theta_2(s_2-2s_1)}{s_1 F''(s_1,s_2)} \tag{4-33}$$

由上文假设可知，随着分割点向东道国比较优势区间移动，在 $[s1,s2]$ 区间时东道国比较优势较小，$[s2,1]$ 时东道国比较优势较大，因此分割点越接近 1，东道国比较优势越大，因此有 $F''(s_1,s_2)>0$。因此，当 $s_2<2s_1$ 时，即 $s_2-s_1<s_1$，$\frac{ds_1}{d\lambda_{2i}}<0$。$s_2-s_1<s_1$ 表明第三国贸易上游度距离明显较短。为了便于分析，假设 s_2 固定不变，可得当第三国整体产品生产环节较短时，s_1 值越小，企业产品质量越高。

上文梳理了嵌入理论内容，产业嵌入距离正是从结构性嵌入角度，基于国际生产分割理论提出的，代表的是国内企业嵌入全球价值链网络宽度。全球生产阶段数正不断上升（倪红福，2016），一般而言，通过进口较上游产品、出口较下游产品延长全球生产分割生产阶段数（沈鸿，2019），可发挥嵌入理论"倒逼效用"和"机会效应"最大效用，培育国内价值链网络，推进国内企业向全球价值链网络核心移动，再反哺国内市场，从而增长国内企业内生动力，挣脱发达国家技术桎梏的有效途径，这也正是双循环新发展格局战略的主要内容。实证检验亦证明国内价值链长度延伸能够促进企业创新能力（吕越，2019）。因此，贸易上游度距离增加意味着企业抛弃被动观念，尝试以积极主动的姿态嵌入全球价值链，能够在一定程度上改变我国低端嵌入全球价值链现状，专注国内市场，完善国内产品生产链条，构建国内产业生态系统，从根本上实现产业升级，促进出口产品质量提高。

结合数理推导结果，可知在国内生产环节相对较少时，生产环节长度的延长有利于提高出口产品质量，即贸易上游度距离越大，出口产品质量就越高。结合实际，改革开放以来我国大力促进国际贸易发展，形成以进口引致出口的国际贸易发展特征，致使大量生产过程转向国外，国内生产环节较少，延长生产环节长度将有利于产品质量提高，由此提出：

命题 3：贸易上游度距离增加有利于我国企业出口产品质量升级。

4.4.2　贸易上游度距离影响出口产品质量的机制分析

基于以上分析，其他条件不变时，以进口和出口上游度差值量化的贸易上游度距离与制造企业出口产品质量呈正向关系。那么，贸易上游度距离促进出口产品质量升级的作用机制为何？由上文文献梳理及贸易上游度距离量化方式可知，贸易上游度距离越大，意味着企业国内生产环节越多。在出口上游度固定不变时，国内生产环节增加可能源于：①企业内部生产环节向上游环节移动；②以国内中间品替代国外中间品，减少国外中间品的使用。

就第一种情况而言，企业自身生产向上游环节移动，将提高生产链参与程度，这就需要面临更高的固定资产投入强度、更复杂的组织结构，具备更先进的现代化管理方式，即做出此选择的企业需以更成熟的成本把控力和市场掌控力予以匹配（沈鸿，2019）。而一旦企业在中间品生产过程中掌握了生产技术和管理能力，其成本优势和技术溢价优势将显著促进企业生产率和技术水平。首先，企业技术投入对出口产品质量的推动作用显而易见（施炳展，2013），是企业参与国内国际市场竞争、掌握贸易市场主动性、实现企业持续性发展的关键因素。其次，企业先进管理方式能够有效整合人力、物力资源，促进企业生产效率，亦对其产品质量升级至关重要。因此，贸易上游度距离以作为国内国际市场衔接点的进口和出口差值量化计算，若贸易上游度距离增加源于企业自身主动向上游环节移动，将实现生产率和技术水平提升，同时开发本地市场潜力，优化国内大循环，从而促进出口产品质量升级，推动国内国际双循环良性互动。

对于第二种情况，贸易上游度距离增加可从以下三个层面促进出口产品质量升级：

（1）增强市场集中度。在丰田汽车集团发展案例中，国内企业能够通过加强联系，扩张价值链条环节，进而促进价值链跃升和竞争力升级（林季红，2002）。企业发展前期的技术研发和技术创新需要投入大量资金和人力资本，市场竞争对其专注创新形成阻碍，一定程度的垄断可削弱市场竞争阻力，助力企业研发创新（沈国兵，2017）。可知，较高的市场集中度减轻了企业面临的市场竞争压力，帮助企业将更多的心力和资本用于技术研发创新，有利于产品质量升级。贸易上游度距离增加若是源于企业以国内中间品代替国外中间品，增加国内产品生产环节，那么显而易见地会加强国内企业联合，在整个国内产品生产链条中，通过比较优势互补和知识溢出效应，国内产业结构将实现一定程度的优化，进而完善国内产业系统，为出口产品质量升级提供内生动力。

（2）提高企业全要素生产率。全要素生产率可以理解为企业对相关资源的利用效率，是经济增长的决定性因素，其与企业出口产品质量正向关系也在已有实证文献中多次被证明（施炳展，2013）。企业全要素生产率提高不只依赖于进口，特别就我国而言，依托庞大国内市场，企业层面全要素生产率提高离不开国内市场竞争。同时，企业生产率亦因为核心功能的延伸和资源的共享得到提升。贸易上游度距离增加，意味着选择更多国内中间品，环环相扣，通过国内企业合作，从整体上延长国内产品生产环节，有利于企业根据自身要素禀赋比较优势，立足国内市场，开发本土市场潜力，更有效地发挥分工带来的比较优势，在全球产业链分工中参与不同产品生产环节，在国际交流和生产中提高企业生产率，最终实现产品质量的提高。

（3）缓解融资约束。源于我国历史问题，国有企业在融资方面较为便利，而非国有企业则相对艰难。如今，非国有企业融资约束已经严重阻碍了我国技术水平提高和产业结构优化。融资约束成为企业创新一大阻碍，限制企业创新项目实施的同时，抑制企业研发（Brown，2009；张璇，2017），阻碍我国产品质量升级。融资约束缓解，能够正向影响出口产品质量（施炳展等，2014），通过加强国内企业联合生产的方式增加贸易上游度距离，在增强国内企业生产产品多样化的同时，有利于分散风险，改善企业信誉等级，缓解融资约束（李红阳等，

2016）。可知，一般而言，贸易上游度距离增加，能够加强我国企业联系紧密度，丰富产品生产种类，分担市场风险，从而提高企业信誉度，通过缓解融资约束促进出口产品质量升级。综上可得：

假设3：贸易上游度距离可通过技术水平、市场集中度、企业全要素生产率和企业融资约束促进制造企业出口产品质量升级。

4.5 本章小结

本章以国际分工理论、网络嵌入理论梳理了贸易上游度影响出口产品质量的理论背景，具体如图4-3所示，在此基础上，构建数理模型，从出口上游度、进

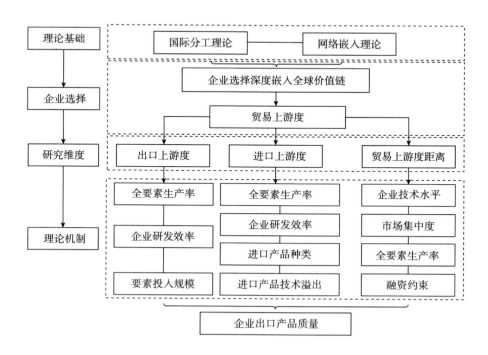

图4-3 贸易上游度影响出口产品质量的理论机制框架

口上游度和贸易上游度距离三个方面从理论上探讨了贸易上游度与出口产品质量的关系，通过理论分析，出口上游度可能通过提高企业全要素生产率促进出口产品质量升级，研发效率的作用效应可能并不显著。进口上游度对出口产品质量存在非线性影响，即在技术溢出效应高于技术挤出效应时，进口产品先链条上游环节移动有利于增加进口产品种类、增强进口产品技术溢出、提高企业全要素生产率和研发效率，进而促进出口产品质量升级；直至进口产品技术水平降低到一定程度，技术溢出效应低于技术挤出效应时，进口上游度进一步增加，将抑制制造企业出口产品质量提高。贸易上游度距离则通过提升企业技术水平、增强市场集中度、提高企业全要素生产率和缓解企业融资约束促进制造企业出口产品质量升级。以上结论均通过理论推导，接下来的章节将依据理论分析结果对本章提出的命题分别进行详细实证检验。

第5章 出口上游度影响出口产品质量的实证检验

基于理论分析，本章立足出口市场，研究出口上游度对制造企业出口产品质量的影响，对命题1进行实证检验，并进一步探究贸易上游度微观作用机理。目前全球贸易已经融入了不断延长的产业链条甚至是价值链贸易网络之中，中国出口贸易的发展过程势必会融入产业链分工，受其深度影响。一方面，全球价值链嵌入促进效应为我国经济带来40多年飞速增长，1978年我国进出口贸易额仅为206.4亿美元，2020年已增长到46559.1亿美元，年均增长幅度高达13.78%，我国成为最大的制造业贸易国。另一方面，发达国家借此向中国输入先进生产设备和高质量关键零部件，导致我国本土企业产生外生技术依赖，遭遇价值链嵌入俘获效应，陷入价值链低端锁定困局（刘维林等，2014）。因此，出口上游度对制造企业出口产品质量的影响以及作用路径还有待验证。

5.1 指标构建和数据说明

5.1.1 指标构建

（1）出口产品质量测算。借鉴施炳展等（2014），基于海关数据库中产品层面贸易数据，运用需求推断法测算出口产品质量并进行标准化处理，实现跨期以及横截面比较分析，得到企业层面出口产品质量如下：

$$rq_{ft} = \frac{v_{fgt}}{\sum\limits_{g \in \Omega} v_{fgt}} rquality_{fgt} \tag{5-1}$$

其中，rq_{ft} 代表 t 年 f 企业出口产品质量；g 代表企业出口产品；Ω 代表企业出口产品集合；v_{fgt} 代表 t 年 f 企业 g 产品出口额；$rquality_{fgt}$ 代表 t 年 f 企业 g 产品质量的标准化指标，具体测度方法如第 3 章所示，这里不再赘述。

（2）出口上游度测算。由式（2-5）计算得出，在此不再赘述。

（3）控制变量。

借鉴已有文献，企业层面控制变量如下：企业规模（scale），对企业固定资产净值年平均余额取自然对数表示企业规模指标。在贸易理论中企业选择出口的前提是满足国内需求，且一国或地区的出口贸易动力很大程度上来源于企业进入国际市场之后所产生的规模经济，以生产国内外消费需求上涨的产品，进口消费需求下降产品，可知企业规模是选择出口贸易的基础条件之一。同时，企业规模较大就有更大的实力竞争市场份额，在自身优势产业领域实现一定的垄断能力。相应地，较大的市场需求反过来促使企业注重自主研发、积极进行新型网络宣传平台建设、重视树立品牌和名誉甚至有能力协调政府关系等，倒逼企业不断促进生产技术升级和产品质量提升。企业年龄（age），运用企业所处年份与企业开业年份差值加一取自然对数表示。企业进入国内外市场是不断在复杂环境中参与激烈贸易市场竞争、吸取教训、积累经验的过程，时间越长对企业生产管理经验和技术研发升级等促进作用越强，进而推进出口产品质量提升。政府补贴（sub），取企业政府补贴额度与企业销售额比值表示。政府补贴一定程度上反映国家政策导向，一方面，通过补贴能够降低企业生产成本、鼓励企业实行技术升级，提高产品质量；另一方面，也可能造成企业生产惰性，致使生产率较低，企业延长市场退出时限，使出口产品质量水平降低。企业融资约束（dlixi），企业拥有利息支出，意味着具有外部融资，即外部融资约束较弱、融资能力较强，有利于出口产品质量升级（施炳展，2014），取是否有利息支出虚拟变量控制融资约束。由于一定的风险性，相较于国有企业，私有企业受到融资约束更大，作为市场经济的发展主体，缓解私有企业融资约束，能够较大程度上促进企业技术水平提高，有助于出口产品质量升级。赫芬达尔指数（hhi）表示某层面市场竞争程度，在四位码行业基础上计算，用行业内企业出口份额比值的平方和表示。赫芬达尔指数体现市场垄断程度，值越高表示只有少数企业参与出口，进口方市场竞争程度越低，越不利于企业出口产品质量升级。

5.1.2　数据说明

5.1.2.1　数据处理

本书数据库来源主要包括以下三种：

（1）海关数据库。本书考察时间为 2000~2013 年，数据库样本量较大，包含各类企业贸易进出口数据，用于被解释变量出口产品质量的测算，为了保证测算结果可信度，借鉴施炳展等（2014）做法对海关数据做出以下处理：删除信息缺失数据，比如企业名称、出口目的国名称等；删除单笔贸易额小于 50 或单笔贸易量小于 1 的数据；删除企业名称中带有 "贸易" "进出口" 字样数据；删除总体样本量小于 100 的数据；保留不同计量单位中数量最多的数据；为了运用价格工具变量，删除只出口到同一国家的产品样本；初级品和资源品多依赖于原始产品，因此将二者在 SITC 三分位编码上进行删除（Lall，2000）。

（2）中国工业企业数据库。对比上市公司微观数据，工业企业数据库包含的企业数目更多，包含期间规模以上非国有企业和国有企业，能够更好地与海关数据库进行匹配。由于微观数据样本量较大，统计中不可避免存在数据的缺失和误差，在指标测算和实证分析之前需要根据已有文献方法对原始数据进行仔细清洗（Branet，2012）。具体地，对样本数据做以下处理：删除企业的工业总产值、中间投入、销售额等指标中不符合经济计量常识和缺失值样本；删除企业雇佣人数低于 8 人、企业生存年龄小于 0、企业利润率超 100%、非国有企业的主营业务收入低于

500万元的样本；对于工业企业数据库存在数据错漏这一情况，不必要数据予以删除保持数据的有效性，然而对于必要数据就要做出适宜处理，比如2004年数据缺少工业增加值指标，运用工业总产值减去中间投入再加上应交增值税代替。

（3）1998~2014年世界投入产出表。主要用于测算代表全球价值链嵌入位置的行业上游度。按照第2章中数据处理方法，在本章应用中只保留我国行业上游度数据。

关于本书的数据年份，权威等重要期刊文献广泛使用的工业企业数据库最新年限为2013年，世界投入产出表来源于世界银行数据库，最新年份为2014年，因此本书考察时间为2000~2013年。同时，在前期研究中，运用2007年、2012年、2015年和2017年中国省级投入产出表测算上游度指数，研究贸易上游度与出口产品质量的关系，指标变动趋势和研究结论与本书相似。

5.1.2.2　数据匹配

以上三个数据库的匹配是本书数据处理的关键点，首先，进行海关数据库与工业企业数据库的匹配，借鉴余淼杰和袁东（2016）两步匹配法，采用企业名称匹配之后再采用企业邮编和电话号码匹配，取并集得到最终匹配结果。其次，进行世界投入产出表与工业企业数据库、海关数据库的匹配，借鉴唐宜红（2018）匹配方式，先将世界投入产出表行业代码匹配到国民经济行业二分位代码，再匹配到HS六分位产品代码，最终完成三个数据库的匹配。

5.2　特征事实

5.2.1　企业出口产品质量特征事实

5.2.1.1　出口产品质量的跨期差异性

通过对千万原始数据的清洗整理，最终匹配得到了2000~2013年中国企业出口产品质量，并对其进行标准化处理，以实现可分组别跨期比较的目的。本小节将即对标准化之后的出口产品质量进行分析，包括企业出口产品质量的发展趋势和存在的企业差异性特征。

均值可在一定程度上验证指标分布的集中趋势，因此表 5-1 中对企业出口产品质量进行整体均值测算，同时区分不同技术水平企业。2000~2013 年我国企业出口产品质量在 2002 年、2004 年和 2012 年出现数值的下降，但整体上获得提高，由 2000 年的 0.603 提高到 2013 年的 0.771，增长率即将达到 2%。同时，不同技术类型企业的出口产品质量的增长率均为正，低技术水平企业出口质量整体较高，高技术水平企业虽然具有较低出口产品质量水平，但实现了最快增长速度。由结果来看，我国企业出口产品质量水平得到提升，却大多集中在中低技术水平企业，结合我国企业在本书考察期间长期凭借成本和资源优势粗放嵌入全球价值链的现实，可在一定程度上说明企业参与全球产业链分工能够促进技术升级，进而改善出口产品质量。以历史为鉴，5G 时代我国应当吸取教训，摒弃前 30 年过度依赖国外市场和先进技术的经济发展模式，占领高精尖互联网技术制高点，在新一轮全球价值网络中占据优势地位。

表 5-1　2000~2013 年企业出口产品质量均值变动

指标	2000 年	2002 年	2004 年	2006 年	2008 年	2010 年	2012 年	2013 年	均值	增长率（%）
整体	0.603	0.592	0.584	0.585	0.771	0.788	0.769	0.771	0.682	1.90
低技术	0.615	0.598	0.612	0.619	0.796	0.794	0.769	0.776	0.701	1.81
中技术	0.592	0.578	0.585	0.584	0.775	0.779	0.768	0.768	0.678	2.02
高技术	0.569	0.536	0.543	0.540	0.738	0.786	0.770	0.768	0.651	2.33

仅凭借均值的变化无法直观体现企业出口产品质量水平的变动趋势，鉴于此，本书分别对 2000~2002 年、2003~2005 年、2006~2008 年、2009~2011 年和 2012~2013 年五个时间段的企业出口产品质量绘制核密度分布。图 5-1（a）中是企业出口产品质量整体变动图示，2000~2013 年我国企业出口产品质量核密度曲线持续向右移动，2005~2009 年平移程度较大，表示我国企业出口产品质量不断提高，且 2005~2009 年提升幅度较大。另外，在向右平移的过程中，峰值出

现大幅度提高—微小下降—较大幅度提高的趋势，同时曲线宽度不断缩小，2005年之后峰值和曲线宽度变化程度最为明显，表示我国一部分企业出口产品质量获得较大提升，特别在 2005 年之后，而相应地，企业间整体出口产品质量差距明显缩小。加之各时期核密度曲线均显示为平滑的单峰，进一步体现出我国企业出口产品质量发展得较为均衡。

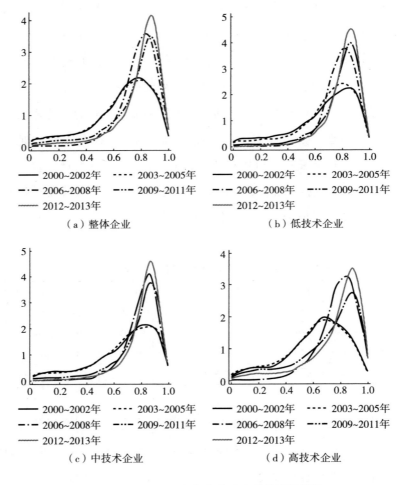

图 5-1　2000~2013 年企业出口产品质量趋势

上述分析了我国企业出口产品质量整体发展趋势，接下来针对不同技术水平类型的企业出口产品质量水平的动态趋势进行分析。图 5-1（b）～（d）绘制了中、低、高技术水平企业出口产品质量的核密度分布曲线。与整体趋势一致，不同技术类型的企业出口产品质量的核密度曲线均明显向右平移，表明我国企业出口产品质量的提升并不具有明显的技术水平差异性。低技术企业出口产品质量曲线的峰值持续上升，曲线宽度明显变窄，中高技术企业出口产品质量趋势图中峰值在 2005 年后大幅提升，2008 年又较大幅度下降，2011 年后再次上升，曲线宽度亦明显变窄，高技术企业宽度变化最为明显，表明我国不同技术类型企业中有一部分企业的出口产品质量提高较大，当整体企业间的质量水平距离在不断缩小，而且，都没有双峰和多峰的出现，发展比较均衡。

5.2.1.2 出口产品质量的企业间差异性

在已有研究中，李秀芳等（2016）删除外资企业样本，重点关注了本土企业出口产品质量的发展趋势和影响因素，极大程度上揭示了出口产品质量的企业间差异性问题。因此，对比分析本土企业和外资企业出口产品质量的变化趋势就显得尤为必要。

表 5-2 分别对整体以及区分不同技术类型的本土企业和外资企业出口产品质量均值进行测算。本土企业在 2000～2013 年出口产品质量有短暂回落，整体上得到提高，2000 年出口产品质量数值为 0.537，2013 年出口产品质量数值提升为 0.766，增长率为 2.77%。同时，低技术本土企业的出口产品质量水平较高，增长幅度最小。高技术本土企业出口产品质量具有最高的增长率，有望从最低程度进行赶超。外资企业出口产品质量水平普遍高于本土企业，2000 年外资企业出口产品质量数值为 0.641，2013 年出口产品质量数值提升为 0.788，但整体以及区分不同技术类型的外资企业出口产品质量的增长率均低于 2%，远落后于本土企业，未来我国本土企业具有较大发展潜力。另外，低技术外资企业同样具有最高出口产品质量水平，但高技术外资企业出口产品质量水平在 2013 年超过了中技术企业，还同时具有高于中低技术出口产品质量的增长率。通过以上分析，在考察期内我国本土企业的发展具有一定的优势，也凸显了我国在高精尖技术和自主研发创新领域的不足。

表 5-2   2000~2013 年本土企业和资本企业出口产品质量均值变动

指标	2000 年	2002 年	2004 年	2006 年	2008 年	2010 年	2012 年	2013 年	均值	增长率（%）
本土企业	0.537	0.518	0.521	0.518	0.771	0.788	0.764	0.766	0.646	2.77
低技术	0.540	0.515	0.553	0.554	0.796	0.794	0.762	0.771	0.665	2.77
中技术	0.527	0.502	0.520	0.519	0.775	0.779	0.765	0.766	0.642	2.92
高技术	0.500	0.457	0.474	0.472	0.738	0.786	0.766	0.765	0.611	3.32
外资企业	0.641	0.639	0.629	0.638	0.782	0.800	0.789	0.788	0.715	1.60
低技术	0.651	0.643	0.651	0.666	0.798	0.812	0.797	0.798	0.728	1.58
中技术	0.635	0.635	0.640	0.646	0.783	0.790	0.781	0.779	0.713	1.59
高技术	0.618	0.596	0.590	0.595	0.764	0.788	0.784	0.781	0.691	1.82

通过测算本土企业和外资企业出口产品质量均值，对其进行了对比分析。在此基础上，本章分别对本土企业和外资企业出口产品质量绘制核密度分布图，且为了探究二者在不同时间节点是否体现差异性，特分割为 2000~2006 年、2007~2013 年两个时间段进行对比。整体变化趋势如图 5-2 所示，2000~2006 年外资企业出口产品质量趋势图对比本土企业轻微地向右偏移，且峰值明显高于本土企业，曲线宽度也较窄，具有与本土企业一致的单峰特征，说明外资企业出口产品质量水平略高于本土企业，且发展水平较为均衡。2007~2013 年，本土企业和外资企业出口产品质量分布图的峰值、位置和宽度几乎重合，且相较于 2000~2006 年，二者曲线向右平移，波宽均明显收缩，本土企业的收缩程度更大。可知 2007~2013 年本土企业和外资企业出口产品质量水平均显著提升，且企业间的差距大幅度缩减，实现均衡发展。本土企业追赶势头强劲，大部分企业出口产品质量水平快速提高。

进一步对不同技术类型本土企业和外资企业出口产品质量绘制核密度趋势图，2000~2006 年、2007~2013 年二者分布图的变动趋势在不同技术类型中体现出和整体相似的特征。2000~2006 年，低中高技术外资企业出口产品质量峰值明显高于本土企业，曲线宽度较小，中技术本土企业出口产品质量的分布图有出现小幅度的双峰状态。可知不同技术类型的外资企业出口产品质量水平比本土企业

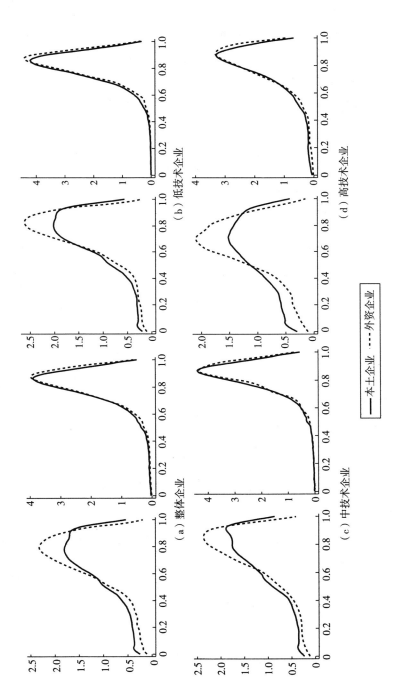

图 5-2 2000～2006 年和 2007～2013 年本土企业和外资企业出口产品质量趋势

发展更为均衡，差距亦较小。2007~2013 年，不同技术类型的本土企业和外资企业出口产品质量分布图的峰值、位置和宽度亦几乎重合，且相较于 2000~2006 年，二者曲线向右平移，波宽均明显收缩，高技术本土企业的收缩程度更大。可知 2007~2013 年不同技术类型的本土企业外资企业出口产品质量水平均较大幅度提高，虽然一部分企业出口质量水平较高，但企业间整体差距是不断缩小的。

5.2.2 企业出口上游度特征事实

5.2.2.1 出口上游度的跨期差异性

上述对我国企业出口产品质量特征事实作出分析，本小节将绘制企业出口上游度核密度分布图，分析出口企业在全球价值链中嵌入位置的变动趋势。由图 5-3（a）所示，2000~2013 年我国企业出口上游度趋势图逐渐向右偏移，峰值持续小幅度降低，曲线宽度小幅度增加，一直保持单峰状态，随着时间的推移，曲线右尾逐渐拉长，可知，在考察期间，我国企业出口上游度水平不断提高，存在一部分企业较快提高出口上游度水平，与其他企业的差距不断拉大，但整体发展相对均衡，并没有出现极化现象。进一步绘制不同技术类型企业出口上游度和密度分布图，如图 5-3（b）、（c）所示，低技术企业出口上游度曲线较明显向右移动，峰值持续降低，已存在右尾不断拉长的特征。中技术企业出口上游度曲线峰值降低幅度较低技术企业更大，右拖尾特征更明显。高技术企业出口上游度曲线右移的情况较轻微，但曲线宽度明显窄于中低技术企业，右拖尾情况更明显。可知，我国中低技术企业出口上游度水平更高，积极参与产业链分工中，且企业嵌入程度差距变大。高技术企业较积极参与全球价值链，且企业间差距较小，发展较为均衡。

5.2.2.2 出口上游度的企业间差异性

同样地，对外资企业和本土企业出口上游度绘制核密度分布，如图 5-4（a）所示，2000~2006 年，外资企业出口上游度趋势位于本土企业右侧，峰值高于本土企业，且曲线宽度更窄，具有右拖尾情况。2007~2013 年，本土企业和外资企

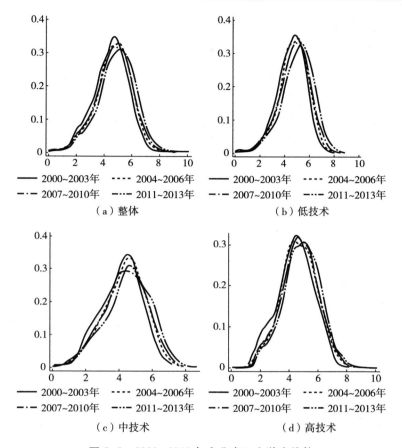

图 5-3　2000~2013 年企业出口上游度趋势

业出口上游度曲线右侧几乎重合，且曲线宽度均比 2000~2006 年小，右尾小幅度增长。外资企业曲线仍略窄于本土企业，峰值亦略高。通过以上分析可知，我国本土企业出口上游度水平在 2000~2006 年低于外资企业，且企业间上游度差距较大。2007~2013 年，本土企业出口上游度水平已与外资企业持平，企业间差距亦小幅度缩小。对不同技术类型本土企业和外资企业出口上游度绘制核密度分布图，2000~2006 年，不同技术类型外资企业出口上游度曲线均位于本土企业右侧，高技术外资企业和本土企业分布图更加明显，且外资企业曲线宽度较小。中技术本土和外资企业相对峰值较低，2007~2013 年，不同技术类型本土企业出口上游度曲线与外资企业均基本重合，其中中低技术企业曲线右拖尾几乎无变化，

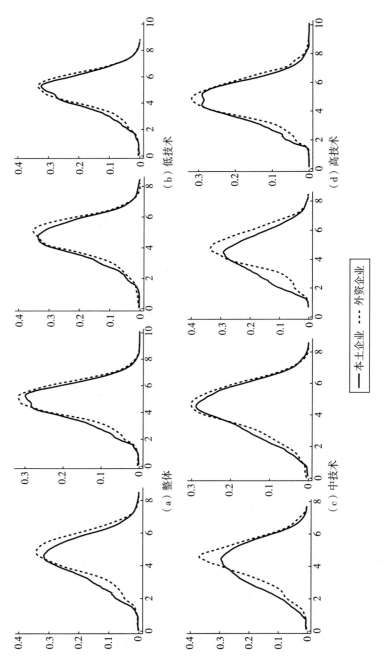

图 5-4　2000～2006 年和 2007～2013 年本土企业和外资企业出口上游度变化趋势

高技术本土企业和外资企业曲线右尾拖长。通过以上分析可知，2000～2006 年我国不同技术类型外资企业出口上游度均高于本土企业，二者均具有一定的企业间差距，其中高技术本土和外资企业的出口上游度差距更大。2007～2013 年，不同技术类型本土企业出口上游度较快提高，已达到外资企业水平，高技术本土企业和外资企业的出口上游度差距加大。

5.3　计量模型构建和实证结果分析

5.3.1　计量模型

5.3.1.1　基准模型

在上述对核心变量和控制变量指标测算的基础上，借鉴已有文献，构建本书基准计量模型如下：

$$rq_{ft}=\alpha+\beta syd_{ft}+\theta X+u_f+u_t+u_k+\varepsilon_{ft} \tag{5-2}$$

其中，f、t、k 分别表示企业、年份和地区，被解释变量 rq_{ft} 为出口产品质量标准化结果；syd_{ft} 表示企业出口上游度；X 表示企业层面、行业层面控制变量；u_f、u_t、u_k 分别表示企业、年份和地区固定效应；ε_f 表示随机扰动项。

5.3.1.2　中介模型

根据第 4 章中在数理模型推导和理论机制分析，企业出口上游度可能存在全要素生产率和研发效率两种作用机制，更在此基础上提出企业出口上游度的劳动力、资本和中间品投入效应，鉴于此，将以上变量引入，构建中介模型通过三步法对企业出口上游度的作用机制进行实证检验：

$$rq_{ft}=\alpha+\beta syd_{ft}+\theta X+u_f+u_t+u_k+\varepsilon_{ft} \tag{5-3}$$

$$inter_{ft}=\alpha+\beta syd_{ft}+\theta X+u_f+u_t+u_k+\varepsilon_{ft} \tag{5-4}$$

$$rq_{ft} = \alpha + \beta syd_{ft} + \beta 1\,inter_{ft} + \theta X + u_f + u_t + u_k + \varepsilon_{ft} \tag{5-5}$$

模型（5-3）为核心解释变量出口上游度对制造企业出口产品质量的影响；模型（5-4）中中介变量作为被解释变量，对核心解释变量回归分析；模型（5-5）是将中介变量代入基准回归模型，被解释变量对核心解释变量和中介变量回归，检验中介变量作用程度。

5.3.2　基准估计结果

如表 5-3 所示，在基准计量结果中，列（1）仅考虑核心解释变量回归结果，列（2）控制了年份固定变量，聚类到企业，出口上游度回归系数显著为正，显著性水平达到 1%，表明我国制造企业出口上游度的提升有助于促进产品质量升级。列（3）回归分析加入一系列企业层面控制变量，结果可知企业规模的回归系数显著为正，正向促进企业出口产品质量升级。列（4）进一步控制了行业层面赫芬达尔指数，系数为负，对企业出口产品质量具有显著正向作用，与施炳展等（2014）、苏丹妮等（2018）结论一致。至此，出口上游度回归结果依然显著为正，回归系数绝对值小幅度下降，显著性水平没有发生变化，表示在控制了众多变量之后，出口上游度对制造企业产品质量的影响仍然具有显著正向作用。出口上游度较高的企业，具有较高生产率和资产密集度（Ju & Yu，2015），而企业生产率是提升出口产品质量的重要因素，因此，表 5-3 得出的出口上游度与企业出口产品质量的正相关结论符合已有理论的预期。验证了第 4 章中对出口上游度和出口产品质量关系的理论分析结果。

表 5-3　出口上游度与制造企业出口产品质量基准计量结果

变量	（1）	（2）	（3）	（4）
syd	0.011 *** （20.62）	0.013 *** （20.61）	0.013 *** （19.55）	0.013 *** （19.55）
$scale$			0.006 *** （8.72）	0.006 *** （8.72）

续表

变量	(1)	(2)	(3)	(4)
age			0.002 (1.52)	0.002 (1.51)
sub			−0.027 (−1.12)	−0.027 (−1.12)
dlixi			−0.0004 (−0.43)	−0.0004 (−0.41)
hhi				−0.058 *** (−3.12)
_cons	0.627 *** (410.6)	0.639 *** (209.98)	0.585 *** (89.09)	0.587 *** (89.20)
企业	N	Y	Y	Y
年份	N	Y	Y	Y
R^2	0.011	0.019	0.021	0.021
N	291685	291685	290443	290443

注：括号内为企业层面聚类标准差的 t 统计量；＊、＊＊、＊＊＊分别表示在 10%、5%、1% 水平上显著，下同。

5.3.3 稳健性检验

5.3.3.1 内生性问题分析

上文分析中，出口上游度正向影响制造企业产品质量，那么产品质量较高企业亦可能具有较高出口上游度，这种反向因果关系和不可避免的遗漏变量，会造成回归分析中的内生性问题，因此需要寻找工具变量进行内生性检验。一个合适的工具变量必须满足外生性和与内生变量相关性特征，比如较为符合的历史、地理和相对固定人口等变量。参考 Khandelwal（2010）、沈鸿等（2019）思路和测算方式，从地理位置角度入手，以企业与我国八大港口的最短距离作为出口上游度工具变量。

企业距离港口的远近会直接影响到企业运输成本的高低。距离港口较远企业不占据运输成本优势，多选择依靠地区资源优势，为其他最终产品市场企业提供中间品，并从中获利，上游度水平相对就更高。相对地，企业获得运输成本优势，适宜价格竞争更加激烈、对运输成本更为敏感的最终产品出口市场，出口上游度较低。因此，出口上游度与港口最短距离正相关。表 5-4 列（1）为两阶段最小二乘法估计结果，以到最近港口距离作为工具变量的出口上游度回归系数显著为正，且由 Kleibergen-Paap rk LM Statistic、Kleibergen-Paap rk Wald F Statistic 数值可知，出口上游度与所选工具变量具有较强相关性，回归结果可信。列（2）为滞后一期出口上游度与制造企业产品质量回归结果，回归系数显著为正。列（3）~列（5）分别加入了年份—地区固定效应、年份—行业固定效应以降低内生性问题，结果显示，出口上游度回归系数仍然显著为正。如表 5-4 所示，考虑一系列可能存在的内生性问题之后，出口上游度依然显著促进制造企业产品质量提升，可证实本章的基准回归结论较为稳健。

表 5-4　出口上游度与制造企业出口产品质量内生性问题计量结果

变量	（1）	（2）	（3）	（4）	（5）
syd	0.029*** (5.15)		0.013*** (19.53)	0.013*** (19.98)	0.013*** (19.76)
$L.syd$		0.002** (2.45)			
$scale$	0.012*** (9.59)	0.006*** (6.97)	0.006*** (8.64)	0.006*** (8.42)	0.006*** (8.44)
age	-0.006*** (-7.08)	0.002 (0.72)	0.003* (1.82)	0.002 (1.58)	0.003* (1.95)
sub	-0.015** (-2.05)	-0.032 (-0.97)	-0.026 (-1.12)	-0.029 (-1.32)	-0.029 (-1.28)
$dlixi$	0.004*** (2.85)	0.001 (0.77)	-0.0005 (-0.49)	-0.0004 (-0.40)	-0.0005 (-0.48)
hhi	-0.011 (-0.53)	-0.075*** (-3.51)	-0.062*** (-3.32)	-0.059*** (-3.16)	-0.064*** (-3.47)
$\_cons$	0.499*** (36.04)	0.63*** (67.57)	10.23*** (14.25)	-0.083 (-0.01)	-0.963** (-2.21)
企业	N	Y	Y	Y	Y
年份	Y	Y	Y	Y	Y
行业	Y	N	N	N	N

续表

变量	(1)	(2)	(3)	(4)	(5)
年份—地区	N	N	Y	N	Y
年份—行业	N	N	N	Y	Y
Kleibergen-Paap rk LM statistic	147.319 ***				
Kleibergen-Paap rk Wald F statistic	155.144 [16.38]				
R²	0.076	0.006	0.022	0.031	0.032
N	281137	154255	290443	290443	290443

注：列（1）小括号内为企业层面聚类标准差的 t 统计量；Kleibergen-Paap 统计量中括号内的数值为 Stock-Yogo 检验 10% 水平上的临界值。

5.3.3.2　改变变量的测度方法

指标测算因为方法的不同可能存在测量误差问题。一方面，对于出口上游度借鉴 Yu（2015）的方法，通过改变上游度测算权重的替换，以企业前一期（L_syd）和首次（S_syd）进入样本期的产品出口额作为权重，测算企业层面上游度水平，参与回归分析，结果如表 5-5 所示。另一方面，出口产品质量除了应用施炳展等（2014）倒推法测算方式，借鉴 Auer 和 Chaney（2009）与 Manova 和 Zhang（2012）方法，利用单位价值法测算出口产品质量：一是产品价格与平均价格之差与价格标准差的比值（rq_AC）；二是产品价格与平均价格比值取自然对数（rq_MZ），回归结果如表 5-5 列（3）、列（4）所示。从表 5-3 整体来看，核心解释变量和被解释变量指标测算方式的变化，并没有影响出口上游度对制造企业产品质量显著促进作用，进一步验证了本章核心结论的稳健性。

表 5-5　指标转换与样本选择问题计量结果

变量	上游度指标权重变换		出口产品质量指标变化	
	(1)	(2)	(3)	(4)
	rq	rq	rq_AC	rq_MZ
L_syd	0.002 *** (7.43)			

续表

变量	上游度指标权重变换		出口产品质量指标变化	
	（1）	（2）	（3）	（4）
	rq	rq	rq_AC	rq_MZ
S_syd		0.011 *** （12.10）		
syd			0.002 * （1.92）	0.005 * （1.91）
scale	0.008 *** （14.31）	0.008 *** （14.69）	−0.001 （−0.83）	−0.011 *** （−10.60）
age	0.003 ** （2.01）	0.003 *** （2.72）	0.003 （1.13）	−0.01 *** （−3.95）
sub	−0.003 （−0.25）	−0.004 （−0.29）	−0.003 （−0.05）	−0.024 （−1.32）
dlixi	−0.0001 （−0.18）	−0.000004 （−0.01）	0.001 （0.85）	0.0003 （0.16）
hhi	−0.049 *** （−2.64）	−0.049 *** （−2.66）	−0.098 ** （−2.50）	0.02 （0.52）
_cons	0.626 *** （123.85）	0.59 *** （105.48）	0.515 *** （48.07）	0.441 *** （35.73）
企业	Y	Y	Y	Y
年份	Y	Y	Y	Y
R^2	0.009	0.012	0.001	0.016
N	311980	311980	290443	311980

5.3.4 作用机制检验

综合上文分析，出口上游度显著促进制造企业产品质量升级，那么出口上游度对制造企业产品质量的影响路径是怎样的？为了进一步分析出口上游度与企业出口产品质量内在联系，结合第 4 章理论分析结论，本小节分析出口上游度作用机制。

5.3.4.1　中介变量测度

全要素生产率（lp）：通过各种测量方法的对比，选择使用采用 LP 半参数估计法进行测算。其中涉及相关计算变量工业增加值、中间投入、从业人员和资本存量以 2000 年为基期，借鉴龚关和胡关亮（2013）、沈鸿等（2019）的做法，用历年《中国统计年鉴》中的相关价格指数进行平减处理。

研发效率（yfxl）：借鉴施炳展等（2014）的做法，采用无形资产与总资产比值加一取自然对数表示企业研发效率。

劳动力规模（lempl）：采用企业年平均从业人员取自然对数表示；资本投入规模（zbtr）：采用以 2000 年为基期平减处理之后的资本存量取自然对数表示。中间品投入规模（zjtr）由 2000 年为基期平减处理之后的中间投入合计取自然对数表示。

进口产品质量（jrq）：借鉴施炳展等（2014）的做法，运用海关数据库提炼企业进口额、进口量，采用需求推断法产品层面进口质量，通过取标准值，设置权重加总到企业层面，具体方式可借鉴本章公式（2-8）至公式（2-13）出口产品质量测算思路。

进口产品技术溢出（spill）：借鉴楚明钦等（2013）的做法，采用如下方式测算：

$$sp = \sum_{m} \frac{IMD_{imt}}{GDP_{mt}} \times S_{mt} \qquad (5-6)$$

其中，sp 表示企业进口产品技术溢出存量；IMD_{imt} 表示 i 企业在 t 年由 m 国进口产品总额；GDP_{mt} 表示 m 国 t 年国内生产总值；S_{mt} 表示 t 年 m 国研发存量。研发存量采用永续存盘法测算，具体如下：

$$S_{mt} = (1-\delta) S_{mt-1} + RD_{mt} \qquad (5-7)$$

其中，S_{mt} 表示 t 年 m 国研发存量；S_{mt-1} 表示滞后一年 m 国研发存量；RD_{mt} 表示 m 国在 t 年的研发投入，数据分别来自联合国贸易数据库和世界银行数据库。

产品种类（cpzl）：采用企业进口不同产品数目取自然对数表示。

5.3.4.2　作用机制实证检验结果

根据第 4 章中的理论分析，在模型（5-3）～模型（5-5）的基础上检验出口上游度对企业出口产品质量的作用机制。表 5-6（Ⅰ）列（1）为基准回归结果，列（2）和列（3）以企业全要素生产率和研发效率作为被解释变量回归分析，结果显示企业全要素生产率回归系数显著为正，企业研发效率对出口上游度回归系数并不显著。列（4）和列（5）中报告出口产品质量企业对出口上游度、全要素生产率和研发效率回归，可知全要素生产率有助于促进制造企业出口产品质量升级。另外，与列（1）基准回归结果比较，加入全要素生产率后，企业出口上游度的估计系数下降，初步证实了全要素生产率作为中介变量的存在，而研发效率的作用并不显著。

表 5-6（Ⅰ）　出口上游度与制造企业出口产品质量作用机制检验

变量	(1)	(2)	(3)	(4)	(5)
	rq	lp	yfxl	rq	rq
syd	0.013 *** (19.65)	0.082 *** (18.93)	0.0001 (0.20)	0.012 *** (18.20)	0.013 *** (19.65)
lp				0.008 *** (12.17)	
yftr					-0.007 (-0.73)
scale	0.006 *** (8.72)	0.033 *** (4.64)	-0.001 (-1.53)	0.006 *** (8.32)	0.006 *** (8.71)
age	0.002 (1.51)	0.081 *** (7.09)	-0.002 *** (-2.79)	0.002 (1.29)	0.002 (1.50)
sub	-0.027 (-1.12)	-0.852 *** (-2.91)	0.004 (0.66)	-0.031 (-1.22)	-0.027 (-1.12)
dlixi	-0.0004 (-0.41)	0.013 (1.46)	0.002 *** (3.68)	-0.001 (-0.47)	-0.0004 (-0.40)
hhi	-0.058 *** (-3.12)	0.188 (1.43)	0.029 *** (3.86)	-0.062 *** (-3.27)	-0.058 *** (-3.11)

续表

变量	（1）	（2）	（3）	（4）	（5）
	rq	lp	yfxl	rq	rq
_cons	0.587 ***	4.533 ***	0.034 ***	0.553 ***	0.587 ***
	（89.20）	（68.93）	（6.23）	（76.16）	（89.19）
企业	Y	Y	Y	Y	Y
年份	Y	Y	Y	Y	Y
R^2	0.021	0.046	0.087	0.024	0.021
N	290443	284402	290443	284402	290443

　　为了进一步更深层次地明晰企业出口上游度的影响路径，结合前文理论机制分析，细化全要素生产率增长因素，引入劳动投入规模、资本投入规模、中间品投入规模、进口产品质量、进口产品种类和进口产品技术溢出六个中介变量，深度研究企业出口上游度作用机理。表5-6（Ⅱ）列（1）~列（6）分别以各中介变量为被解释变量，结果显示出口上游度估计系数均为正，且都通过1%显著性水平检验，表明企业出口上游度提高促使企业扩大资本、劳动力和中间品投入规模，且有利于增加进口产品种类，提高进口产品质量，增强进口产品技术溢出。列（7）为制造企业全要素生产率对六个中介变量和出口上游度的回归，除资本投入规模估计系数为负外，其他中介变量和出口上游度回归系数均显著为正。资本投入规模显著为负的原因可能在于：全球价值链嵌入程度加深，使得企业获得更多的市场规模，激励企业扩大固定资本投入，提升自身生产能力，因此，列（7）中显示出口上游度估计系数显著为正。然而，较强生产能力意味着较复杂的生产过程，我国制造企业受限于自身技术水平和自主研发能力，资本多投入到简单生产环节，陷入"低端生产"循环，不利于全要素生产率提高。列（8）进一步将六个中介变量、全要素生产率引入基准回归模型，除资本投入规模不显著外，其他中介变量、全要素生产率和出口上游度回归系数均显著为正，且出口上游度估计系数明显下降。表明出口上游度提高促使企业扩大劳动力和中间品投入规模、增加进口产品种类、提高进口产品质量、增强进口产品技术溢出以提高企

业全要素生产率，最终实现出口产品质量升级。

表 5-6（Ⅱ）　出口上游度与制造企业出口产品质量作用机制检验

变量	(1) lempl	(2) zbtr	(3) zjtr	(4) spill	(5) cpzl	(6) jrq	(7) lp	(8) rq
syd	0.066 *** (19.57)	0.018 *** (7.77)	0.122 *** (28.20)	0.186 *** (9.99)	0.119 *** (17.38)	0.019 *** (10.07)	0.043 *** (6.61)	0.009 *** (8.76)
lp								0.004 *** (4.15)
lnzjtr							0.169 *** (9.33)	0.017 *** (12.40)
lnspill							0.007 ** (2.34)	0.001 *** (3.32)
lnjcpzl							0.026 *** (3.17)	0.003 *** (2.65)
jzrq2							0.051 ** (2.14)	0.008 ** (2.49)
lempl							0.2 *** (11.43)	0.005 *** (2.59)
lngd							-0.1 *** (-6.49)	0.001 (0.34)
scale	0.165 *** (31.09)	0.68 *** (73.08)	0.2 *** (30.61)	0.259 *** (10.07)	0.118 *** (13.70)	0.004 (1.56)	0.032 ** (2.40)	0.002 (1.33)
age	0.088 *** (10.99)	0.033 *** (5.13)	0.089 *** (8.95)	0.046 (0.80)	-0.002 (-0.09)	0.015 *** (2.61)	0.081 *** (4.25)	-0.001 (-0.22)
sub	-0.063 (-0.58)	0.114 (1.53)	-0.737 *** (-2.74)	-0.932 (-1.55)	-0.081 (-0.29)	-0.121 ** (-2.27)	-0.338 ** (-2.36)	-0.042 ** (-1.97)
dlixi	0.021 *** (3.74)	0.019 *** (4.16)	0.046 *** (6.60)	-0.02 (-0.68)	-0.003 (-0.33)	-0.004 (-1.21)	-0.003 (-0.25)	-0.002 (-1.47)
hhi	-0.173 ** (-2.29)	0.01 (0.13)	0.14 (1.44)	-1.381 *** (-2.82)	-0.391 ** (-2.23)	-0.009 (-0.15)	0.178 (0.90)	-0.071 ** (-2.55)
_cons	3.52 *** (70.37)	2.774 *** (35.15)	7.72 *** (130.75)	-1.183 *** (-4.53)	0.856 *** (9.53)	0.468 *** (17.85)	2.786 *** (15.88)	0.421 *** (24.51)

变量	（1）	（2）	（3）	（4）	（5）	（6）	（7）	（8）
	lempl	zbtr	zjtr	spill	cpzl	jrq	lp	rq
企业	Y	Y	Y	Y	Y	Y	Y	Y
年份	Y	Y	Y	Y	Y	Y	Y	Y
R^2	0.132	0.548	0.139	0.051	0.053	0.008	0.082	0.033
N	290419	289640	290194	200443	182263	201195	151612	151612

综上所述，我国制造业企业嵌入全球价值链更多地通过外生动力提高出口产品质量升级，自主研发内生动力不足。

5.4　异质性检验

基准回归是从整体上考察出口上游度对制造业企业产品质量的影响，由于企业生产率、行业和地区技术发展水平差异，企业、行业和地区均呈现不同特征，本小节从企业贸易方式和所有制、行业技术水平和中东西部地区层面异质性进一步研究出口上游度对制造企业产品质量的异质性影响。

5.4.1　企业层面异质性

5.4.1.1　加工贸易影响和自选择效应

加工贸易和一般贸易企业的生产方式和产品结构均具有明显的差异。本章借鉴唐宜红等（2018）的做法，依据海关数据库中对企业产品出口贸易方式的统计，将企业分为加工贸易企业和一般贸易企业。为了检验不同贸易方式企业是否存在产品质量差异，对其进行分样本的 t 检验分析，由结果可知，相比之下，加工贸易企业出口产品质量均值较低。鉴于此，以一般贸易企业为基准，引入出口上游度和加工贸易企业交互项（syd_pte）、加工贸易企业虚拟变量（pte），回归结果如表 5-7 第（1）列所示，交互项系数显著为负，表明相对于一般贸易企业，出口上游度对加工贸易企业产品质量的提升作用更小。加工贸易"两头在外"的特性使之天然具有更高的出口上游度水平（沈鸿等，2019），我国技术发展水平与发达国家尚有距离，因此加工贸易企业在整个产业链分工中并不占优势，主要凭借劳动力成本优势生产低附加值产品，从而企业产品质量水平亦较低。一般贸易企业可从事内销和出口两种贸易方式，通过国内国外双向市场联动，更可能实现资源优化配置和产品升级，这也验证了我国双循环新发展格局战略的科学性。

表 5-7　出口上游度对企业出口产品质量异质性影响计量结果

变量	企业贸易方式异质性			企业所有制异质性	行业技术水平异质性	地区异质性
	（1）	（2）	（3）	（4）	（5）	（6）
	rq	pte	rq	rq	rq	rq
syd	0.014*** (19.76)	0.075*** (14.62)	0.03*** (2.67)	0.014*** (17.80)	0.021*** (17.81)	0.022*** (7.23)
syd_pte	-0.005*** (-6.81)		-0.01*** (-2.64)			
pte	0.032*** (7.97)		0.063*** (2.67)			
imr			3.577* (1.67)			
syd_fot				-0.002** (-1.98)		
fot				0.01** (2.03)		
syd_zdjs					-0.008*** (-6.08)	
zdjs					0.037*** (4.84)	

续表

变量	企业贸易方式异质性			企业所有制异质性	行业技术水平异质性	地区异质性
	（1）	（2）	（3）	（4）	（5）	（6）
	rq	pte	rq	rq	rq	rq
syd_east						−0.01 *** （−3.10）
east						−0.009 （−0.20）
scale	0.009 *** （11.10）	0.106 *** （22.25）	0.014 *** （2.63）	0.006 *** （8.66）	0.005 *** （6.51）	0.006 *** （8.86）
age	0.002 （1.41）	0.029 *** （2.86）	0.004 （1.52）	0.002 （1.57）	0.001 （0.74）	0.003 （1.64）
sub	−0.022 （−0.90）	−2.253 ** （−2.16）	−0.101 * （−1.77）	−0.026 （−1.10）	−0.026 （−1.13）	−0.028 （−1.19）
dlixi	−0.0003 （−0.32）	−0.619 *** （−44.36）	0.003 * （1.65）	−0.0004 （−0.42）	−0.001 （−0.45）	−0.0004 （−0.41）
hhi	−0.059 *** （−3.16）	−5.094 *** （−17.34）	−0.2 *** （−2.60）	−0.058 *** （−3.13）	−0.056 *** （−2.83）	−0.058 *** （−3.11）
_cons	0.576 *** （86.70）	−0.949 *** （−20.74）	−1.053 （−1.07）	0.583 *** （84.58）	0.55 *** （58.57）	0.594 *** （13.71）
企业	Y	Y	Y	Y	Y	Y
年份	Y	Y	Y	Y	Y	Y
R²	0.023		0.015	0.021	0.025	0.021
N	288524	289350	289346	290443	209396	288112

上文指出加工贸易企业产品质量更低，原因可能在于生产率低、企业规模小等企业更偏向于选择加工贸易方式，从而存在内生性问题，可能会影响列（1）中估计结果的准确性。对此，借鉴沈鸿等（2019）和孙健等（2016）的处理方法，为企业加工贸易选择设计 Heckman 两步估计模型。具体做法如下：首先构建 Probit 贸易方式选择模型（5-8），估计得出逆米尔斯比率（imr），其次将逆米尔斯比率引入模型（5-9）再次进行回归。模型设定如下：

$$\mathrm{Pr}(pte_{fi}) = \mu(z\beta) \tag{5-8}$$

$$rq_{fi} = \alpha + \beta_1 syd_f t + \beta_2 syd_{fi} \times pte + \beta_3 pte + \beta_4 imr + \theta X + u_f + u_t + u_k + \varepsilon_{fi} \tag{5-9}$$

表 5-7 报告了 Heckman 回归结果，由列（2）可知，出口上游度对加工贸易选择具有正向作用，随后将估计的逆米尔斯比率引入模型（5-9），如列（3）所示，出口上游度与加工贸易交互项依然为负，且 imr 系数显著，说明加工贸易存在自选择内生性问题，在控制了这一偏误后，加工贸易方式仍显著降低了出口上游度对企业出口产品质量的正向效应。

5.4.1.2　企业所有制异质性

企业所有制不同，是否会影响出口上游度的作用效应？依据 Guariglia 等（2011）的方式，以企业各类别资本占实收资本的比例，对企业所有制形式进行区分，并以本地企业为基准，引入外资企业虚拟变量（fot）、出口上游度和本土企业交互项（syd_fot），回归结果如表 5-7 列（4）所示，交互项回归系数显著为负，表明外资企业出口上游度水平提高对出口产品质量的正向效应低于本土企业。对此可能的解释的是，本土企业技术水平较低，全球价值链带来的技术溢出效应更加明显，而外资企业背靠母国技术，主要通过技术转移提升产品质量，相对地，对产品质量的提升作用相比本土企业更小。

5.4.2　行业层面异质性

行业技术水平差异，致使出口上游度对产品质量促进作用具有异质性。本书核心解释变量为企业的行业上游度，借鉴既有做法，将行业在世界投入产出表 isic 层面划分为高技术和中低技术，以高技术行业为基准，引入中低技术虚拟变量（zdjs）、出口上游度和中低技术交互项（syd_zdjs），回归结果如表 5-7 列（5）所示，交互项系数显著为负，表明中低技术行业企业出口上游度提高会更大程度促进出口产品质量升级。Cohen 等（1989）认为技术溢出效应与东道国企业生产率以及技术水平相关，差距较大就只能接触较低技术，我国制造企业高技术行业全球价值链嵌入位置提升更能够提升技术效率，促进产品质量升级。

5.4.3 区域层面异质性

我国幅员辽阔，东部、中部和西部地区经济发展水平和资源条件等具有较大差异，出口上游度对不同地区制造企业产品质量提升同样具有异质性。借鉴邵朝对等（2016）的文献，依据经济实力的不同，将企业根据所在省份不同进行区分，并引入东部地区虚拟变量和出口上游度交互项（syd_east），回归结果如表5-7列（6）所示，出口上游度系数显著为正，交互项系数显著为负，表示相较于中西部地区，出口上游度对东部地区制造企业产品质量促进作用更小。可能的解释是：东部地区相对较早、较深入参与全球价值链，根据边际效应递减规律，价值链嵌入对东部地区技术升级等各方面的作用力不断降低。

5.5 进一步研究：出口上游度与地区—行业产品质量变动

上文已系统研究了出口上游度促进制造企业出口产品质量升级的微观证据，那么，考虑到贸易上游度数据特征，加总到中观层面，出口上游度是否会促进行业出口产品质量升级？总的来说，探究行业出口产品质量提高途径主要关注以下两点：一方面，考虑行业内企业个体，企业自身出口产品质量的提高促进行业整体出口产品质量升级；另一方面，考虑行业内企业间资源配置效率，即产品质量异质性企业间的配置效率的改善对行业整体出口产品质量亦具有正向作用。资源通过由低生产率企业向高生产率企业集聚，致使低生产率加强技术升级或者直接退出市场，最终实现资源优化配置和生产率整体升级，是提高整体行业产品质量的有效路径（苏丹妮等，2018）。结合本书研究内容，贸易上游度本身是行业指标，将其加权到微观层面虽然能够更加精确地研究出口产品质量升级的提升路径，但忽略行业层面的检验会使研究结论缺乏完整性，鉴于此，本节将出口产品质量指标加总到地区—行业层面，考察出口上游度对地区—行业出口产品质量的影响。解答以下两个问题：出口上游度对地区—行业出口产品质量影响为何？出口上游度影响地区—行业出口产品质量的重要途径是企业自身出口产品质量提升抑或是企业间资源再配置效率？

借鉴相关研究，地区—行业出口产品质量变动主要包括以下三个部分：一是企业内效应，假设在位企业市场份额不变，由企业自身出口产品质量变动引致的整体变动。二是企业间效应，市场竞争促使各企业最终凭借自身生产率水平、生产技术水平等不断改变市场份额，致使整个行业出现产品质量水平的波动。三是进入企业和退出企业效应，企业进入和退出依然是市场竞争的结果，有序的国内外市场是有发展前景的新企业不断进入，低生产率企业不断退出的形势，企业本身的生产率和生产技术的异质性将会改变整个行业的平均产品质量水平。其中，企业间、进入和退出企业效应均会带来资源的流动，因此将三者总和称为资源再配置效应（Griliches & Regev, 1995）。那么制造业地区—行业出口产品质量变动主要由以上哪种效应导致？出口上游度如何影响地区—行业出口产品质量，又通过何种渠道影响？基于此问题，首先计算地区—行业层面出口产品质量，公式如下：

$$Qua_{cjt} = \sum_{g \in \varphi_{cj}} V_{gt} qua_{gt} \tag{5-10}$$

其中，c、j、t、g 分别表示地区、三位码行业、年份和企业；φ_{cj} 表示地区—行业层面企业集合；V_{gt} 表示权重，由企业出口额占其所在地区—行业出口总额比重表示。本章借鉴 Melitz 等（2015）方法，动态分解地区—行业层面出口产品质量。具体分解结果如下：

$$\Delta Qua_{cjt} = (Qua_{S2} - Qua_{S1}) + v_{E2}(Qua_{E2} - Qua_{S2}) + v_{X1}(Qua_{S1} - Qua_{X1})$$

$$= \underbrace{\Delta \overline{Qua}_S}_{\text{企业内效应}} + \underbrace{\Delta cov_s}_{\text{企业间效应}} + \underbrace{v_{E2}(Qua_{E2} - Qua_{S2})}_{\text{进入企业效应}} + \underbrace{v_{X1}(Qua_{S1} - Qua_{X1})}_{\text{退出企业效应}} \tag{5-11}$$

其中，ΔQua_{cjt} 表示从第 1 期到第 2 期地区—行业出口产品质量变动，S 表示在位企业，E 表示新进入企业，X 表示退出企业。

$$\Delta \overline{Qua}_S = \overline{Qua}_{S2} - \overline{Qua}_{S1}, \quad \overline{Qua}_{St} = \frac{1}{n_{St}} \sum_{g \in S} Qua_{gt}$$

其中，Qua_{gt} 为 g 企业 t 期出口产品质量。

$$\Delta \mathrm{cov}_s = \mathrm{cov}_{S2} - \mathrm{cov}_{S1}, \quad \mathrm{cov}_{St} = \sum_{g \in S} (v_{gt} - \overline{v}_{St})(Qua_{gt} - \overline{Qua}_{St})$$

v_{gt} 为企业在第 t 期出口份额。$\overline{v}_{St} = \frac{1}{n_{St}} \sum_{g \in S} v_{gt}$；

$$v_{E2} = \sum_{g \in E} v_{g2}, \quad Qua_{E2} = \sum_{g \in E} \frac{v_{g2}}{v_{E2}} Qua_{g2}, \quad Qua_{S2} = \sum_{g \in S} \frac{v_{g2}}{v_{S2}} Qua_{g2}$$

$$v_{X1} = \sum_{g \in X} v_{g1}, \quad Qua_{X2} = \sum_{g \in X} \frac{v_{g1}}{v_{X1}} Qua_{g1}; \quad Qua_{S1} = \sum_{g \in S} \frac{v_{g1}}{v_{S1}} Qua_{g1}$$

如表 5-8 所示，考察期内，我国地区—行业出口产品质量平均增长率为 0.0244。按分解结果来看，企业内效应对出口产品质量贡献率达 47.13%，影响效应最大，说明样本期内在位企业出口产品质量显著提高；退出企业效应次之，效应值为 0.0083，贡献率达 34.02%，低质量企业退出市场促进了地区行业出口产品质量升级。贡献率第三位的为企业间效应，效应值为 0.0058，贡献率为 23.77%，表明在市场竞争中，高出口产品质量企业具有聚集效应，使资源向其不断流入，实现了资源在存货企业间的优化配置。同时，可知进入企业效应值为负，表明新进入企业更多的是刚达到市场进入门槛，生产率不足，相应的质量水平亦较低，进而拉低了行业整体层面的产品质量平均值。综合加总来看，资源再配置效应贡献率达到 52.87%，表明资源再配置效应是地区—行业出口产品质量提升的重要途径。

表 5-8　地区行业出口产品质量变动分解结果

类别		分解	贡献
总变动	（1）	0.0244	
企业内效应	（2）	0.0115	0.4713

续表

类别		分解	贡献
企业间效应	（3）	0.0058	0.2377
进入企业效应	（4）	−0.0012	0.0492
退出企业效应	（5）	0.0083	0.3402
资源再配置效应	（3）＋（4）＋（5）	0.0129	0.5287

接下来，对出口上游度影响地区—行业出口产品质量的影响路径进行实证检验，建立如下计量模型：

$$Q_{cjt} = \beta_o + \beta_1 syd_{cjt} + u_c + u_j + u_t + \varepsilon_{cjt} \tag{5-12}$$

其中，Q_{cjt} 表示地区—行业出口产品质量总变动和各分解效应。估计结果如表5-9所示，为了较全面揭示出口上游度对各分解效应所引致的地区—行业出口产品质量的影响，列（1）～列（4）报告了企业内效应、企业间效应、进入企业效应和退出企业效应作为因变量的回归结果，发现出口上游度对企业内和企业间效应影响均显著为正，表明出口上游度提高一定程度上优化了在位企业资源配置，提高企业的资源利用率，进而促进地区—行业出口产品质量升级。另外，出口上游度对进入企业效应影响显著为正，对退出企业效应影响并不显著，表明出口上游度持续增长加速新企业进入，而低效率、低质量新企业的进入不利于地区—行业出口产品质量升级。进一步地，列（5）和列（6）显示总变动、资源再配置效应为因变量回归结果，出口上游度系数均显著为正，表明总体来看，出口上游度提高有利于资源再配置效应提高，促进地区—行业出口产品质量升级。

表 5-9　出口上游度与地区—行业出口产品质量变动

变量	(1)	(2)	(3)	(4)	(5)	(6)
	企业内效应	企业间效应	退出企业效应	进入企业效应	资源再配置效应	总变动
syd	0.050** (2.17)	2.009** (2.07)	−0.024 (−1.12)	0.001*** (4.04)	0.002** (2.43)	0.001*** (2.75)

续表

变量	（1）	（2）	（3）	（4）	（5）	（6）
	企业内效应	企业间效应	退出企业效应	进入企业效应	资源再配置效应	总变动
_cons	0.377*** （4.95）	-3.638* （-1.85）	0.645*** （9.15）	0.550*** （9.31）	0.399*** （4.18）	0.413*** （4.36）
企业	Y	Y	Y	Y	Y	Y
年份	Y	Y	Y	Y	Y	Y
地区	Y	Y	Y	Y	Y	Y
R²	0.002	0.012	0.001	0.095	0.059	0.077
N	6961	5110	6601	3404	3370	3370

5.6 本章小结

双循环新发展格局战略强调国内国际循环相辅相成，依托国内大循环，带动和优化国际大循环，反过来为国内大循环提供向高水平、高质量发展的新动力和新支撑。因此，在探索国内市场深度和广度的同时，聚焦国际市场，研究贸易上游度与企业出口产品质量升级关系亦是我国走出贸易困境、实现新一轮经济增长的重中之重。基于以上背景，本章运用微观企业数据，从企业出口市场角度，量化企业出口上游度，研究其对制造企业产品质量的影响和作用路径。实证结果表明：①出口上游度水平提高显著促进制造企业出口产品质量升级，意味着嵌入全球价值链可推动我国高质量经济发展。采用企业到最近港口距离作为工具变量，并控制了一系列变量降低内生性问题后，回归结果依然可靠。②作用机制检验结果显示，出口上游度提高通过企业劳动力和中间品投入规模效应、进口产品质量、产品种类以及产品技术溢出效应提高全要素生产率，进而促进制造企业出口产品质量升级，而企业技术研发效率的内生动力中介效应并不显著，我国企业发展更偏向于外生增长模式。③进一步分析表明，相比较而言，出口上游度提升对于一般贸易、本土企业、高技术行业企业以及中西部地区企业的产品质量提升作用更大。④考虑到出口上游度特征，聚焦行业层面，结果表明出口上游度提高有利于地区—行业出口产品质量升级，其中资源再配置效应对地区—行业出口产品质量贡献率达到52.87%。

第6章　进口上游度影响出口产品质量的实证检验

基于理论分析，本章研究进口贸易上游度与制造企业出口产品质量的关系，对命题2进行实证检验。主动扩大进口是我国立足国情的长远大计，鼓励先进设备、关键零部件等的进口，"以进口促出口"的贸易方式将成为"十四五"时期重要的贸易战略支点。中间品进口内嵌技术溢出效应对进口国产品技术升级的促进作用有目共睹（许家云，2017；邓国营，2018）。然而，目前来看我国进口贸易虽然仍是促进出口的一大动力，却面临日益严峻的市场竞争和高质量市场需求的挑战。如何充分发挥进口产品"技术溢出效应"尚需进一步探究。跳出进口产品内嵌技术层面，不同产品本身就对进口国生产率和技术升级存在显著差异（裴长洪，2013）。随着我国对外贸易规模不断扩大，中间品采购正不断向上游环节移动（许家云等，2017）。那么是否进口产品在全球价值链条嵌入位置越高，越具有更高的技术溢出正向效应，促进出口产品质量升级？产品进口是否存在一个"有利区间"？为此，本章进行相关实证检验。

6.1 指标测度和数据说明

6.1.1 核心指标构建

（1）出口产品质量测算。具体测度方法如第 5 章所示，这里不再赘述。

（2）进口上游度测算。具体测度方法如第 2 章所示，这里不再赘述。

6.1.2 控制变量和数据说明

本章数据涉及中国海关数据库、中国工业企业数据库和世界投入产出表三种数据整合。同时，根据相关文献，本章选取以下控制变量：企业规模（scale）、企业年龄（age）、政府补贴（sub）、企业融资约束（dlixi）、赫芬达尔指数（hhi）和人力资本（ci）。其中人力资本以 2000 年为基期平减处理后的资本存量与从业人员平均人数的比值取自然对数。劳动力一直是产品生产中最具活跃和创新性的要素，人力资本水平直接关系到企业生产方式和管理模式的创新，另外，人力资本集聚所产生的知识溢出效应将成为企业在生产和市场竞争中的软实力，助力企业持续发展。其他控制变量具体测度方式和数据处理方式如第 5 章第一节所示，这里不再赘述。

6.2 特征事实

6.2.1 进口上游度的跨期差异性

第 5 章中已对企业出口产品质量的均值进行对比分析，同时绘制企业不同所有制和不同技术类型的核密度分布图，对各企业出口产品质量变动趋势和差异性做了详细对比分析，此章不再进行赘述。本节主要对核心解释变量——企业进口上游度变动趋势进行描述性分析。

先从整体变动趋势入手，如图6-1所示，2000~2013年我国企业进口上游度水平持续向右移动，在考察期间，由多峰转变为双峰状态，主峰值不断提高，次峰值不断下降，右拖尾现象减弱，曲线宽度没有明显变化。可知我国企业进口上游度在2000~2013年不断提高，即企业进口产品向产业链上游移动。且企业间差

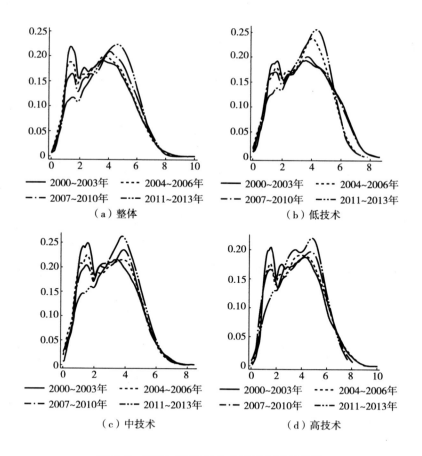

图6-1　2000~2013年企业进口上游度趋势

距具有小幅度缩小，发展过程中由多极化向两极转变，逐渐由不均衡—均衡调整。通过对不同技术类型企业进口上游度绘制核密度分布图，2000～2013 年，不同技术类型企业进口上游度曲线均向右小幅度，均由多峰状态向双峰状态调整，中技术企业曲线几乎变为单峰。关于曲线宽度，低技术企业具有明显缩小，中高技术企业没有明显变动。同时，中低技术企业进口上游度曲线右拖尾减短，高技术企业加长。通过以上分析结果可以看出，我国企业不同技术类型进口上游度水平均有小幅度提高，且发展逐渐均衡，低技术企业间的进口上游度差距减小。

6.2.2 进口上游度的企业间差异性

同样地，为了考察本土企业和外资企业可能存在的进口上游度差异性，分别绘制 2000～2006 年和 2007～2013 年分阶段的核密度分布图。如图 6-2 所示，2000～2006 年外资企业进口上游度曲线明显偏右，曲线宽度较本土企业窄，基本呈单峰状态。本土企业进口上游度曲线靠左，右拖尾状态明显，双峰分布。2007～2013 年，本土企业进口上游度曲线向右轻微偏移，峰值提高，双峰状态不太明显，右尾缩短。外资企业进口上游度曲线峰值降低，右拖尾明显。可知在 2000～2006 年，我国本土企业进口上游度明显低于外资企业，这符合现实情况，外资企业背靠母国技术，在世界范围内搜索资源以最低成本获得最大收益。同时本土企业内部差距较大，发展不够均衡。2007～2013 年，本土企业进口上游度水平有小幅度上升，内部进口上游度差距缩小，而外资企业内部差距增加。进一步对不同技术类型的外资企业和本土企业进口上游度绘制核密度分布图，基本上与整体变化趋势一致，在此不再赘述。

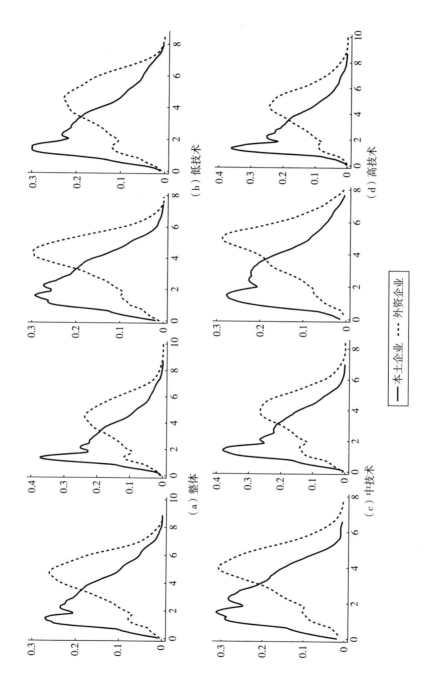

图 6-2　2000～2006 年和 2007～2013 年本土企业和外资企业进口上游度趋势

6.3 计量模型构建和实证分析

6.3.1 计量模型

6.3.1.1 基准模型

基于第 4 章理论分析，进口上游度对制造企业出口产品质量很可能存在非线性关系，因此借鉴已有文献，构建本书计量模型如下：

$$rq_{ft} = \alpha + \beta jsyd_{ft} + \beta_1 jsyd_{ft}^2 + \theta X + u_f + u_t + u_k + \varepsilon_{ft} \tag{6-1}$$

其中，f、t、k 分别表示企业、年份和地区；rq_{ft} 表示出口产品质量标准化结果；$jsyd_{ft}$ 表示企业进口上游度；$jsyd_{ft}^2$ 表示企业进口上游度平方项；X 表示企业层面、行业层面控制变量；u_f、u_t、u_k 分别表示企业、年份和地区固定效应；ε_{ft} 表示随机扰动项。

6.3.1.2 作用机制模型

在基准模型基础上，根据第 4 章中对企业进口上游度理论分析的结论，企业进口上游度可能通过进口产品种类、质量和技术溢出以及提高企业全要素生产率和研发效率影响出口产品质量。鉴于此，构建作用机制模型如下：

$$rq_{ft} = \alpha + \beta jsyd_{ft} + \beta_1 jsyd_{ft}^2 + \beta_2 jsyd_{ft} \times VA_{ft} + \beta_3 jsyd_{ft}^2 \times VA_{ft} + \beta_4 VA_{ft} + \theta X + u_f + u_t + u_k + \varepsilon_{ft}$$

$$\tag{6-2}$$

其中，VA_{ft} 为各作用效应指标，由于进口上游度与企业出口产品质量存在的非线性关系，我们重点关注 β_2 和 β_3 的值，符合本章预期的结果为 β_2 显著为负，β_3 显著为正。

6.3.2 基准回归

表 6-1 列示了进口上游度对出口产品质量的影响，回归过程中控制了年份变

量，并采用以企业聚类的稳健标准误。其中，列（1）为线性回归，可知进口上游度回归系数并不显著；列（2）加入平方项估计结果后，进口上游度一次项估计系数显著为正，平方项回归系数却正相反。为了检验多次项引起的遗漏变量问题；列（3）加入三次项回归结果，一次项和二次项回归系数依然显著，三次项系数不显著，通过 ovtest 检验，可初步表明进口上游度与出口产品质量存在倒"U"型非线性关系；列（4）中加入企业、行业层面控制变量，进口上游度一次项和二次项回归结果依然显著，显著性水平亦没有发生变化。可知，进口上游度与制造企业出口产品质量存在倒"U"型关系结论较为可靠，根据一次项和二次项回归系数可知，拐点大概为 4.375，再次得到证实。

表6-1 进口上游度与制造企业出口产品质量基准计量结果

变量	（1）	（2）	（3）	（4）
$jsyd$	0.00002	0.0035***	0.0073**	0.0035***
	(0.05)	(2.59)	(2.47)	(2.58)
$jsyd^2$		−0.0004***	−0.0016*	−0.0004***
		(−2.77)	(−1.92)	(−2.66)
$jsyd^3$			0.0001	
			(1.46)	
$scale$				0.0128***
				(9.62)
age				0.0067**
				(2.53)
sub				−0.0177
				(−0.69)
$dlixi$				0.0014
				(1.01)
ci				−0.0083***
				(−6.98)
hhi				−0.0046
				(−0.12)
企业	Y	Y	Y	Y
年份	Y	Y	Y	Y

续表

变量	（1）	（2）	（3）	（4）
_cons	0.718*** (345.19)	0.713*** (243.46)	0.709*** (194.03)	0.612*** (51.41)
R²	0.00603	0.00623	0.00629	0.0112
N	332627	332627	332627	329970

注：括号内为企业层面聚类标准差的 t 统计量；*、**、*** 分别表示在 10%、5%、1% 水平上显著，下同。

上述结果意味着，企业产品进口存在有利区间，企业进口上游度水平在小于 4.375 区间内提高，显著促进出口产品质量升级，上游度指标大于 4.375 时，企业进口产品继续向上游环节移动，将使企业出口产品质量降低。企业产品进口选择由最终品向中间品转变时，通过引进高质量中间品投入生产，同时伴随进口产品多元化和质量水平提高，最终促进出口产品质量升级（许家云，2017），然而，随着进口产品上游度进一步上移，产品生产复杂度和技术含量不断降低（Antràs 和 Chor，2013），对企业出口产品质量又会产生负向影响。

6.3.3 稳健性检验

6.3.3.1 内生性检验

与第 5 章内容相似，以企业到我国八大港口最短距离作为进口上游度工具变量。对于生产同类产品的企业来说，距离港口较远企业，运输成本较高，为了保证成本最小化，通常选择本地无法生产且价值较高的中间品，辅助自身生产效率提升。而距离港口较近企业，没有运输成本压力，为了节省成本，更多地选择价值较低的原材料和中间品，在国内完成产品生产，因此，进口上游度与到最近港口的距离存在负相关（沈鸿等，2019）。表 6-2 中的列（1）为两阶段最小二乘法估计结果，由 Kleibergen-Paap rk LM Statistic、Kleibergen-Paap rk Wald F Statistic 可知进口上游度与所选工具变量具有较强相关性。以到最近港口距离作为工具变量的进口上游度回归结果，与基准回归结果相比，显著性水平虽然有一定下降，但一次项系数依然显著为正，二次项依然显著为负。列（2）为滞后一期进

表 6-2　进口上游度与制造企业出口产品质量内生性问题计量结果

变量	（1）	（2）	（3）	（4）
$jsyd$	0.252 ** (2.30)	0.0031 * (1.87)	0.0025 *** (3.36)	0.005 *** (3.27)
$jsyd^2$	-0.0298 ** (-2.29)	-0.0004 ** (-2.16)	-0.0003 *** (-3.26)	-0.0002 ** (-2.17)
$scale$	0.0256 *** (23.92)	0.0134 *** (8.54)	0.0126 *** (9.44)	0.0126 *** (9.48)
age	0.0024 (0.54)	0.0033 (0.84)	0.0056 ** (2.13)	0.0056 ** (2.17)
sub	-0.0268 *** (-3.69)	-0.01 (-0.22)	-0.0183 (-0.72)	-0.015 (-0.60)
$dlixi$	0.009 *** (4.21)	0.0028 (1.51)	0.0014 (0.98)	0.0014 (0.98)
hhi	-0.272 ** (-2.56)	0.0063 (0.15)	-0.0055 (-0.14)	-0.0055 (-0.14)
ci	-0.0215 *** (-5.82)	-0.0079 *** (-5.31)	-0.0083 *** (-6.93)	-0.0083 *** (-6.96)
企业	Y	Y	Y	Y
年份	Y	Y	Y	Y
_cons	0.162 (0.99)	0.614 *** (39.34)	0.622 *** (52.59)	0.608 *** (50.98)
Kleibergen-Paap rk LM Statistic	11.497 ***			
Kleibergen-Paap rk Wald F Statistic	145.089 [16.38]			
R^2	-0.883	0.0122	0.0114	0.0114
N	329828	170495	329970	329970

注：列（1）小括号内为企业层面聚类标准差的 t 统计量；Kleibergen-Paap 统计量中括号内的数值为 Stock-Yogo 检验 10% 水平上的临界值。

口上游度与制造企业产品质量回归结果，二者依然呈现显著倒"U"型关系。进一步借鉴 Yu（2015）的方法，通过改变上游度测算权重的替换，以企业前一期和首次进入样本期的产品进口额作为权重，测算企业层面上游度水平，排除因关税变化或企业自身变化造成的进口结构的变化，参与回归分析。如表 6-2 所示，考虑一系列可能存在的内生性问题之后，进口上游度依然与制造企业产品质量呈倒"U"型关系，可证实本章的基准回归结论较为稳健。

6.3.3.2 其他稳健性检验

（1）指标转换。除施炳展等（2014）测算方式之外，与第5章相似，利用单位价值测算出口产品质量（rq_AC 和 rq_MZ），回归结果如表6-3中的列（1）、列（2）所示。被解释变量指标测算方式的变化，并没有影响进口上游度与制造企业产品质量的倒"U"型关系，根据回归系数可知，当 rq_AC 作为被解释变量时，拐点大概为4，即企业进口上游度水平在小于4区间内提高，显著促进出口产品质量升级，上游度指标大于4时，企业进口产品继续向上游环节移动，显著抑制出口产品质量升级。指标替换为 rq_MZ，拐点变为6.375，即企业进口上游度水平在小于6.375区间内提高，显著促进出口产品质量升级，上游度指标大于6.375时，企业进口产品继续向上游环节移动，将显著降低出口产品质量水平。与基准回归结果相比，虽然拐点位置有所变化，但进口上游度估计系数方向不变，且通过5%以上显著性水平检验，再一次验证了本章核心结论的稳健性。

表6-3 指标转换与分样本回归计量结果

变量	（1）rq_AC	（2）rq_MZ	（3）zrq	（4）zrq	（5）zrq
$jsyd$	0.0032*** (2.72)	0.0051*** (4.40)	0.179*** (3.29)	0.0035*** (2.58)	0.0041** (2.35)
$jsyd^2$	-0.0004*** (-2.66)	-0.0004*** (-3.21)	-0.0163*** (-2.81)	-0.0004*** (-2.71)	-0.0005** (-2.48)
$scale$	-0.0199*** (-20.29)	-0.0037*** (-3.84)	-0.0104** (-2.23)	0.0131*** (9.63)	0.0110*** (5.87)
age	-0.0149*** (-7.21)	0.0008 (0.40)	-0.259 (-1.14)	0.0064** (2.42)	0.0043 (1.22)
sub	0.0087 (0.36)	0.0876*** (2.75)	-4.906 (-0.58)	-0.0182 (-0.71)	-0.025 (-0.54)

变量	(1)	(2)	(3)	(4)	(5)
	rq_AC	rq_MZ	zrq	zrq	zrq
$dlixi$	0.000006 (0.01)	0.001 (0.86)	0.202** (2.34)	0.0011 (0.79)	0.0052** (2.49)
hhi	-0.0707** (-2.41)	-0.117*** (-3.91)	-4.629* (-1.83)	-0.0031 (-0.08)	-0.0033 (-0.06)
ci	0.0133*** (13.95)	0.0031*** (3.33)	-0.0759** (-2.45)	-0.0086*** (-7.10)	-0.0069*** (-3.84)
企业	Y	Y	Y	Y	Y
年份	Y	Y	Y	Y	Y
$\_cons$	0.513*** (56.35)	0.538*** (59.93)	1.183*** (2.84)	0.610*** (50.18)	0.626*** (36.21)
R^2	0.0234	0.00122	0.407	0.0114	0.0101
N	329970	329970	953	329017	197771

（2）单行业和跨行业企业分样本回归。不同进口产品具有不同需求结构和数量。为了取得更大的市场份额，企业通常选择出口多种产品，因此，企业进口产品可能存在只用于一种出口产品、按不同比例用于多种产品等情况（Liu 和 Qiu，2016）。同时，为了应对复杂国内外市场、政策等环境变化，企业会据以改变进口产品投入比例。本章进口上游度由企业进口产品金额权重汇总得出，以上情况均会造成测量误差，从而错估企业进口上游度对其出口产品质量的影响。基于此，本章在 HS6 产品码上匹配行业上游度，以行业代码为基础，区分单行业和跨行业企业样本分别回归，结果如表 6-3 列（3）、列（4）所示，与基准回归结果一致，本章核心结论可靠。

（3）间接进口样本剔除。本章涉及企业是具有明细进口额、进口种类记录的直接进口企业，间接进口对本章进口上游度的影响较小。然而，从事直接进口的企业，较大可能会为其他无进口经营权企业提供间接进口，从而会存在"过度进口"问题，因此，在产品种类分属行业层面上测算出的进口上游度指标，可能存在误差。为了解决这一问题，借鉴黄先海（2016）的做法，删除企业进口产品总额大于中间品投入额数据样本，避免其对本章研究的干扰。回归结果如表6-3中的列（5）所示，与基准回归结果相比，显著性水平有所下降，但依旧稳健。

6.3.4 作用机制

上文对企业进口上游度与出口产品质量的关系进行较为严谨的论述，二者存在稳健的倒"U"型关系。接下来，将对进口上游度对制造企业产品质量的影响路径进行实证检验。基于第4章理论分析，选择进口产品种类、进口产品技术溢出、企业全要素生产率和研发效率指标，通过引入进口上游度与影响指标交互项、进口上游度平方项与影响指标交互项的方式，检验进口上游度影响制造企业出口产品质量的有效渠道。

机制检验结果如表6-4所示，其中，列（1）、列（2）分别为核心解释变量与进口产品种类、产品技术溢出交互项回归结果，结果显示，进口上游度一次和平方项的交互项回归系数符号正相反，结合基准回归结果可知，企业产品进口上游度水平在小于4.375范围内提高，进口产品多元化水平提高和技术溢出效应有利于提高进口上游度的正向效应；上游度水平大于4.375时，企业进口产品继续向上游环节移动，抑制进口产品种类和技术溢出正向效应使得企业出口产品质量降低。相似地，列（3）、列（4）分别为核心解释变量与企业全要素生产率和研发效率交互项回归结果，进口上游度水平小于4.375时，企业全要素生产率和研发效率提高，增加进口上游度对企业出口产品质量正向作用；上游度水平大于4.375时，进口上游度继续上移，进口产品种类和技术溢出效应抑制进口正向作用降低企业出口产品质量水平。

表6-4　进口上游度与制造企业出口产品质量作用机制检验

变量	（1）	（2）	（3）	（4）
jsyd	0.0011	−0.002	−0.0157*	0.0029**
	（0.53）	（−1.26）	（−1.81）	（2.09）

续表

变量	（1）	（2）	（3）	（4）
$jsyd^2$	−0.0002 （−0.93）	0.0001 （0.65）	0.0018* （1.71）	−0.0003** （−2.10）
$jsyd\_zl$	0.0175*** （5.51）			
$jsyd^2\_zl$	−0.0084*** （−4.01）			
$jsyd\_sp$		0.0012*** （5.45）		
$jsyd^2\_sp$		−0.0001*** （−3.79）		
$jsyd\_lp$			0.0114** （2.20）	
$jsyd^2\_lp$			−0.0013** （−2.07）	
$jsyd\_yf$				0.0042* （1.70）
$jsyd^2\_yf$				−0.0006* （−1.73）
zl	0.0002*** （4.08）			
sp		−7.65e−10 （−0.19）		
lp			0.0078 （0.81）	
yf				−0.0059 （−1.35）
$scale$	0.0106*** （7.76）	0.0125*** （8.77）	0.012*** （8.80）	0.0128*** （9.62）
age	0.0073*** （2.66）	0.0068** （2.39）	0.0061** （2.28）	0.0067** （2.56）
sub	−0.0128 （−0.50）	−0.0161 （−0.62）	−0.0105 （−0.41）	−0.018 （−0.70）
$dlixi$	0.0018 （1.21）	0.0011 （0.72）	0.0014 （0.95）	0.0015 （1.02）

变量	（1）	（2）	（3）	（4）
hhi	-0.007 （-0.17）	-0.0028 （-0.07）	-0.0047 （-0.11）	-0.0049 （-0.12）
ci	-0.0077*** （-6.25）	-0.0082*** （-6.25）	-0.0071*** （-5.82）	-0.0083*** （-6.98）
企业	Y	Y	Y	Y
年份	Y	Y	Y	Y
$\_cons$	0.599*** （47.30）	0.618*** （47.30）	0.603*** （30.29）	0.613*** （51.56）
R^2	0.0177	0.0123	0.0132	0.0113
N	315495	297706	322418	329970

综上所述，上游度水平小于4.375时，进口产品种类增加、产品技术溢出增强、企业全要素生产率以及生产效率提高，增强进口上游度提高对企业出口产品质量正向作用，上游度水平大于4.375时，将消耗作用机制的正向促进作用降低企业出口产品质量水平。因此，企业产品进口应选择有利上游度位置区间，促进自身出口产品质量提高。

6.3.5　异质性分析

基准回归是从整体上考察进口上游度对制造企业出口产品质量的影响，由于企业生产率、行业技术水平和地区制度差异，企业、行业和地区均呈现不同特征，与第5章类似，从企业贸易方式和所有制、行业技术水平和中东西部地区制度异质性进一步研究进口上游度对制造企业产品质量的异质性影响。

（1）企业贸易方式和所有制异质性。将企业根据贸易方式的不同对总样本进行区分，并分别进行回归，结果如表6-5中的列（1）、列（2）所示，加工贸易和一般贸易企业进口上游度对出口产品质量均呈现倒"U"型关系，相比来看，一般贸易企业回归显著性水平为10%，加工贸易企业进口上游度回归显著性水平在5%以上，可知，加工贸易企业由于贸易方式特性能够更深嵌入全球产业链条，因此当进口更多产业链条上游环节的产品更能够明显提高企业出口产品质量。

表 6-5　进口上游度对企业出口产品质量异质性影响计量结果

变量	(1)	(2)	(3)	(4)	(5)	(6)	(7)	(8)
	加工贸易	一般贸易	外资企业	本土企业	中低技术	高技术	东部	中西部
$jsyd$	0.0037***	0.0044*	0.004**	0.0025	0.0036**	0.0031**	0.0037***	0.0001
	(2.61)	(1.79)	(2.30)	(1.14)	(2.30)	(2.47)	(2.73)	(0.01)
$jsyd^2$	−0.0004**	−0.0005*	−0.0004**	−0.0004	−0.0004**	−0.0004***	−0.0004***	−0.0001
	(−2.51)	(−1.88)	(−2.25)	(−1.45)	(−2.33)	(−2.58)	(−2.76)	(−0.08)
$scale$	0.0106***	0.0125***	0.0142***	0.009***	0.0127***	0.0129***	0.013***	0.0069
	(7.65)	(5.77)	(8.40)	(3.69)	(8.76)	(9.64)	(9.61)	(0.92)
age	0.0044	0.0115***	0.0135***	0.0013	0.0075***	0.0035	0.0078***	−0.0063
	(1.48)	(2.64)	(3.46)	(0.34)	(2.64)	(1.29)	(2.93)	(−0.50)
sub	−0.0084	−0.0481	−0.0152	−0.0176	−0.0233	0.009	−0.0231	0.0797
	(−0.30)	(−0.89)	(−0.68)	(−0.15)	(−0.87)	(0.34)	(−0.85)	(0.74)
$dlixi$	0.0014	0.0011	0.0022	−0.0011	0.0016	0.0007	0.0016	−0.0084
	(0.98)	(0.44)	(1.34)	(−0.33)	(1.07)	(0.45)	(1.13)	(−0.61)
hhi	0.0885	−0.0474	0.023	−0.0559	−0.0075	0.0145	0.0024	−0.138
	(1.63)	(−0.93)	(0.46)	(−0.90)	(−0.19)	(0.31)	(0.06)	(−0.87)
ci	−0.0078***	−0.0061***	−0.011***	−0.007***	−0.008***	−0.0079***	−0.0084***	−0.0082
	(−6.12)	(−3.04)	(−7.22)	(−2.69)	(−6.46)	(−6.29)	(−6.87)	(−1.49)
企业	Y	Y	Y	Y	Y	Y	Y	Y
年份	Y	Y	Y	Y	Y	Y	Y	Y
$\_cons$	0.637***	0.589***	0.601***	0.633***	0.610***	0.621***	0.609***	0.674***
	(53.04)	(28.57)	(39.55)	(29.07)	(46.99)	(53.52)	(50.37)	(9.28)
R^2	0.0253	0.0088	0.0155	0.0061	0.00999	0.0190	0.0122	0.0123
N	155048	153867	237741	85356	263439	66531	316716	13254

将总体样本基于企业所有制不同进行分类并进行回归。分样本回归结果如表 6-5 中的列（3）、列（4）所示，外资企业的核心解释变量估计系数显著为正，然而，相对的本土企业进口上游度回归系数并不显著。外资企业背靠母国技术，在一定上游度区间内通过产品进口实现技术转移提升产品质量，相对地，本土企

业产品进口上游度提高，并没有显著影响出口产品质量变化，需要更多地依靠自我创新和技术研发实现产品质量升级。

（2）行业技术异质性。将行业在世界投入产出表 isic 层面划分为高技术和中低技术，分样本回归结果如表 6-5 中的列（5）、列（6）所示，企业进口上游度估计系数均显著，相比来看，当进口上游度水平跨过拐点之后，企业进口产品对高技术行业企业出口产品质量的抑制作用更加显著。相比于中低技术行业企业，高技术行业企业技术需求更迫切，技术要求亦更高，企业产品进口上游度跨过拐点之后，其对技术溢出和产品种类效应的抑制作用会更加清晰地表现出来。

（3）企业地区异质性。将企业按照地理位置不同进行分样本回归，结果如表 6-5 中的列（7）、列（8）所示，可知，东部地区企业核心解释变量回归系数显著，显著性水平为 1%，中西部地区企业进口上游度回归系数并不显著。中西部地区经济发展水平较低，多从事劳动密集型和资源密集型产品生产，更多地通过扩大劳动力规模和资本投入提高出口产品质量，相对地，企业进口产品技术水平及技术复杂度均较低，对出口质量的推动作用并不显著。

6.4　进口上游度与制造企业出口产品质量：地区要素流动的作用

前文回归结果显示，进口上游度通过进口产品技术溢出、进口种类效应、企业全要素生产率和研发效率对制造企业出口产品质量产生影响，且上述效应因企业贸易方式、所有制、行业技术水平和地区经济发展水平不同存在异质性。但进口产品作为一种要素投入，地区要素流动差异性可能会对进口上游度的作用效应产生影响，此方面在前文中并未被提及。地区由于要素禀赋差异，发展受制于生产要素制约，易造成区域经济发展失衡。而生产要素突破空间束缚，是提高要素生产效率、实现产业集聚，增强地区综合实力的有效途径。在相关文献中，要素流动包括人才、资本和技术的流动，那么地区要素流动差异是否影响进口上游度和制造企业出口产品质量的关系？接下来将对此问题进行实证检验，进一步完善进口上游度和制造企业出口产品质量关系研究。

6.4.1　地区要素流动指标

本小节地区要素流动指标应用各要素在地区的流动数量进行测算（白俊红，2015），首先构建引力模型，具体要素流动引力模型设定如下：

$$S_{xy} = A \times B_x^a \times B_y^a \times D_{xy}^{-b} \tag{6-3}$$

其中，S 表示要素数量；x、y 分别表示地区；A 表示模型中地区间的引力系数，借鉴已有文献中取值为 1；B 表示地区各流动要素的度量，在本小节中表示劳动力、技术和资本；a 和 b 分别表示引力参数和距离衰减参数，同样借鉴相关文献分别取值为 1 和 2；D 则表示地区间的地理距离。

接下来以劳动力流动为例，流动本身是一种动态形式，因此在分析过程中，借鉴"推力—拉力"理论，由于人员流动的趋利性，对流出地和流入地设定推力和拉力因素，以此对流动指标进行量化。根据以上理论，同时借鉴王钺（2017）的研究，构建模型如下：

$$SP_{xy} = \ln pe_x \times \ln wage_y \times d_{xy}^{-2} \tag{6-4}$$

$$SP_x = \sum_{y=1}^{n} SP_{xy} \tag{6-5}$$

式（6-4）中，x、y 分别表示地区；SP 表示地区间人口的流动数量；pe 表示一地区的当下人口数，人口数量越大，一定程度上表示市场劳动力的饱和度就越高，进而就业市场等竞争压力大，因而人口趋于向其他地区流动的趋势，形成隐形的推力；$wage$ 表示地区的工资待遇，若工资待遇较高，会显著吸引就业人员向本地区流入，形成有效的拉力。式（6-5）中，SP 则代表一地区在某年的总人口流动数量，n 表示地区个数。

参照上述公式，可同时测算出地区资本要素流动和技术要素流动指标，只需将人员数和平均工资替换成地区资本存量[①]和专利受理数即可。

6.4.2 模型设定和实证检验

基于以上问题和讨论，本章在基准回归模型基础上引入地区要素流动指标（ysld），得到如下模型：

$$rq_{ft} = \alpha + \beta jsyd_{ft} + \beta_1 jsyd_{ft}^2 + \beta_2 jsyd_{ft} \times ysld_{kt} + \beta_3 jsyd_{ft}^2 \times ysld_{kt} + \theta X + u_f + u_t + u_k + \varepsilon_{ft} \quad (6-6)$$

其中，$ysld_{kt}$ 表示 t 年 k 地区要素流动，包括资本流动（zbld）、劳动力流动（ryld）和技术流动（jsld），表6-6报告了进口上游度、地区要素流动和制造企业出口产品质量的回归结果。其中，列（1）、列（2）加入地区劳动要素流动与进口上游度交互项，加入企业层面控制变量，同时控制企业、地区和行业固定效应后，$Syd \times ryld$ 和 $Syd2 \times ryld$ 估计系数分别显示显著为正和不显著的结果，说明在一定进口区间内，地区劳动要素流动能够强化进口上游度对制造企业出口产品质量的正向作用。列（3）～列（6）加入地区资本要素流动、技术要素流动和进口上游度交互项，$Syd \times zbld$、$Syd \times jsld$、$Syd2 \times zbld$ 和 $Syd2 \times jsld$ 估计系数均显著，表明地区资本要素和技术要素流动在一定区间内增强进口上游度对制造企业出口产品质量正向作用，而进口上游度不断提升，地区资本要素和技术要素流动亦会加大进口上游度负向作用。总体来看，地区要素流动强化了进口上游度对制造企业出口产品质量的影响程度。加快区域协调发展，促进地区要素流动，是增强生产实力，提高企业产品质量的重要途径。

表6-6 进口上游度、要素流动对制造企业出口产品质量的影响

变量	(1)	(2)	(3)	(4)	(5)	(6)
	zrq	zrq	zrq	zrq	zrq	zrq
jsyd	0.0077	0.0083	0.0005	0.003	−0.0289	−0.0195
	(0.58)	(0.63)	(0.04)	(0.27)	(−1.41)	(−0.95)

---

① 资本存量借鉴单豪杰（2008）等的做法，采用永续盘存法进行估算。

续表

变量	(1)	(2)	(3)	(4)	(5)	(6)
	zrq	zrq	zrq	zrq	zrq	zrq
$jsyd^2$	−0.0237* (−1.65)	−0.0211 (−1.48)	−0.0096 (−0.78)	−0.0116 (−0.95)	0.0334 (1.47)	0.0257 (1.13)
$jsyd \times ryld$	0.069** (2.48)	0.0743*** (2.70)				
$jsyd^2 \times ryld$	−0.036 (−1.20)	−0.0486 (−1.63)				
$ryld$	−0.0755* (−1.79)	−0.0538 (−1.29)				
$jsyd \times zbld$			0.0796*** (3.92)	0.0797*** (4.00)		
$jsyd^2 \times zbld$			−0.0631*** (−2.88)	−0.0644*** (−2.98)		
$zbld$			0.178*** (6.10)	0.127*** (4.35)		
$jsyd \times jsld$					0.288*** (4.05)	0.256*** (3.61)
$jsyd^2 \times jsld$					−0.295*** (−3.91)	−0.268*** (−3.56)
$jsld$					−0.14*** (−7.37)	−0.137*** (−7.22)
$scale$	0.0128*** (23.78)	0.0120*** (22.71)	0.0126*** (23.44)	0.0119*** (22.46)	−0.0221*** (−19.80)	−0.022*** (−19.54)
age	0.0056*** (5.07)	0.0054*** (4.91)	0.0053*** (4.77)	0.0051*** (4.67)	−0.0147*** (−5.69)	−0.014*** (−5.55)
sub	−0.0146 (−1.15)	−0.0293** (−2.21)	−0.0145 (−1.15)	−0.0295** (−2.22)	−0.573 (−1.41)	−0.716* (−1.77)
$dlixi$	0.0014** (2.48)	0.001* (1.81)	0.0015*** (2.62)	0.0011* (1.91)	0.0004 (0.35)	0.00004 (0.00)
hhi	−0.0048 (−0.30)	0.0218 (1.37)	−0.0051 (−0.32)	0.0209 (1.31)	−0.107** (−2.06)	−0.0798 (−1.52)
ci	−0.0083*** (−16.71)	−0.0082*** (−16.59)	−0.0083*** (−16.69)	−0.0082*** (−16.59)	0.0137*** (12.75)	0.013*** (12.16)

变量	（1）	（2）	（3）	（4）	（5）	（6）
	zrq	zrq	zrq	zrq	zrq	zrq
_cons	0.643*** （35.49）	0.67*** （12.27）	0.534*** （38.41）	0.595*** （11.21）	0.570*** （48.22）	0.476*** （7.14）
企业	Y	Y	Y	Y	Y	Y
行业	N	Y	N	Y	N	Y
地区	N	Y	N	Y	N	Y
R^2	0.0113	0.0328	0.0117	0.0330	0.0234	0.0360
N	329975	329975	329975	329975	329975	329975

6.5　进一步研究：进口上游度与地区—行业产品质量变动

　　进口上游度对企业出口产品质量的影响和微观作用路径上文中皆以得到验证，那么作为行业层面数据，从中观层面研究进口上游度的作用效应亦值得探讨，基于第5章中出口产品质量的结构分解，对进口上游度影响地区—行业出口产品质量的路径进行回归分析，建立如下计量模型：

$$Q_{cjt} = \beta_o + \beta_1 jsyd_{cjt} + u_c + u_j + u_t + \varepsilon_{cjt} \tag{6-7}$$

　　Q_{cjt} 在不同模型中分别表示式（6-7）中各分解效应，以及由此加总得出的地区—行业出口产品质量总变动和资源再配置效应。估计结果如表6-7所示，为了较全面揭示进口上游度对各分解效应所引致的地区—行业出口产品质量的影响，列（1）~列（4）报告了企业内效应、企业间效应、进入企业效应和退出企业效应作为因变量的回归结果，发现进口上游度对企业内效应影响不显著，对企业间效应影响显著为正，表明进口上游度提高在一定程度上优化了在位企业资源配置，促进了地区—行业出口产品质量升级。另外，进口上游度对进入企业效应影响显著为正，对退出企业效应影响显著为负，表明进口上游度持续增长加速新企业进入，同时企业出口期限延长。新企业由于缺乏对市场的适应和磨合，踏过市场门槛后可能生产效率和产品质量水平较低，相应地，在市场竞争中处于弱势的企业亦均属于低生产率企业，因此新企业的进入和现有企业的不及时退出将不利于地区—行业出口产品质量升级。进一步地，列（5）和列（6）显示总变动、资源再配置效应为因变量回归结果，进口上游度系数均显著为负，表明总体来看，进口上游度提高不利于资源再配置效应提高，抑制地区—行业出口产品质量升级。

表 6-7　进口上游度与地区—行业出口产品质量变动

变量	（1）	（2）	（3）	（4）	（5）	（6）
	企业内效应	企业间效应	进入企业效应	退出企业效应	资源再配置效应	总变动
syd	−0.0038 （−0.20）	0.140 *** （4.47）	0.317 *** （3.75）	−1.201 *** （−6.05）	−0.641 * （−1.65）	−0.702 * （−1.68）
_cons	0.516 *** （5.57）	0.381 ** （1.98）	−0.150 （−0.78）	1.952 *** （6.38）	1.822 *** （4.17）	2.328 *** （5.12）
年份	Y	Y	Y	Y	Y	Y
地区	Y	Y	Y	Y	Y	Y
行业	Y	Y	Y	Y	Y	Y
R^2	0.0811	0.0712	0.0643	0.194	0.180	0.193
N	7124	6683	5524	4143	3898	3898

6.6　本章小结

对外开放一直是我国的重要战略决策，而正确审视产品进口对我国经济高质量发展的正向促进和反向阻碍力，是有效寻求我国新时期贸易方式的关键。基于以上背景，本章从进口市场视角，运用微观企业数据研究企业进口上游度对其出口产品质量的影响和作用路径。

实证结果表明：①进口上游度与制造企业出口产品质量呈现向上升后下降的非线性关系，拐点大概为 4.375，上游度值小于 4.375 时，企业进口上游度提高推动出口产品质量升级，上游度值大于 4.375 时，企业进口上游度提高将反过来降低企业出口产品质量。采用企业到最近港口距离作为工具变量，并去除关税因素和企业自身因素干扰后，回归结果依然稳健。②作用机制检验结果显示，企业进口上游度在小于 4.375 范围内向上移动时，通过进口产品种类效应、技术溢出效应、提高企业全要素生产率和研发效率，促进制造企业出口产品质量升级，企业进口上游度大于 4.375 时，会抑制进口产品种类效应、技术溢出效应、企业全要素生产率和研发效率正向效应进而降低制造企业出口产品质量。③异质性分析表明，相比较而言，进口上游度提升对于加工贸易企业、外资企业、高技术行业企业以及东部地区企业的产品质量影响更加显著。此外，将地区要素流动引入研究框架。实证结果表明，地区要素流动能够强化进口上游度对制造企业出口产品质量影响程度。积极促进地区合作，加快地区经济融合和要素流动，是提高要素生产效率，提升产品质量的重要途径。④考虑到进口上游度特征，聚焦行业层面，结果表明进口上游度提高不利于地区—行业出口产品质量升级。

第7章　贸易上游度距离对出口产品质量的影响

在第5章和第6章分别研究了出口上游度与进口上游度对制造企业出口产品质量的影响。然而，随着生产分工不断细化，大部分企业既是中间品进口者亦是最终品出口者，仅从出口和进口上游度单一层面研究企业出口产品质量升级路径，对于同时进口和出口的企业来说，缺乏一定的理论检验和实践意义。基于此，本章在数理模型基础上，进一步将企业进口上游度和出口上游度同时纳入计量模型对命题3进行检验。

借鉴沈鸿等（2019）的做法，引入进口上游度和出口上游度的差值指代企业贸易上游度距离。一方面，进口和出口上游度差值可表示企业在国内生产环节的多少，具有一定的经济含义。当出口上游度固定时，差值变大意味着企业进口的产品向产业链上游移动，为了得到相同的出口产品，企业在国内的生产长度延长，即价值链长度增加。另一方面，对企业国内生产链长度作用效应的研究，与我国打造国内完整产业链、强大国内市场等发展方向较为符合，具有一定的现实意义。因此研究贸易上游度距离与出口产品质量的关系具有理论和现实双重意义。

7.1　模型构建、指标测度和数据说明

7.1.1　核心指标构建

（1）出口产品质量测算。具体测度方法如第 5 章所示，这里不再赘述。

（2）贸易上游度距离测算。具体测度方法如第 2 章所示，这里不再赘述。

7.1.2　控制变量和数据处理

本章数据涉及中国海关数据库、中国工业企业数据库和世界投入产出表三种数据整合。同时，根据相关文献，本章选取以下控制变量：企业规模（scale）、企业年龄（age）、政府补贴（sub）、赫芬达尔指数（hhi）、人力资本（ci）和企业研发效率（yfxl）。为了避免无形资产数据缺失对变量测算的影响，借鉴已有文献做法，采用是否存在新产品产值虚拟变量表示企业研发效率。其他控制变量具体测度方式和数据处理方式如第 5 章和第 6 章第 1 节所示，这里亦不再赘述。

7.2　特征事实

7.2.1　企业贸易上游度距离跨期差异性

上文中通过对企业出口产品质量、出口上游度和进口上游度的特征事实分析，对其变动特点和趋势有了更深入的了解。本章主要对企业贸易上游度距离进行对比分析。

绘制整体层面企业贸易上游度距离的核密度分布图，如图 7-1（a）所示，2000~2013 年，我国企业贸易上游度距离曲线持续向右移动，且由基本单峰—双峰—多峰状态转变，峰值降低，曲线宽度先增大后减小，没有出现右拖尾现象。可知，我国企业贸易上游度距离不断增加，意味着我国产业链长度在考察期间正不断延长，企业间差距呈现先增加再减小的趋势，并且整体上企业发展并不均衡，出现多极化现象。通过对不同技术类型企业贸易上游度距离绘制核密度分布图，如图 7-1（b）~（d）所示，2000~2013 年，我国低技术企业贸易上游度距离曲线持续向右平移，且一直保持双峰状态，整体峰值提高，波宽减小。中技术

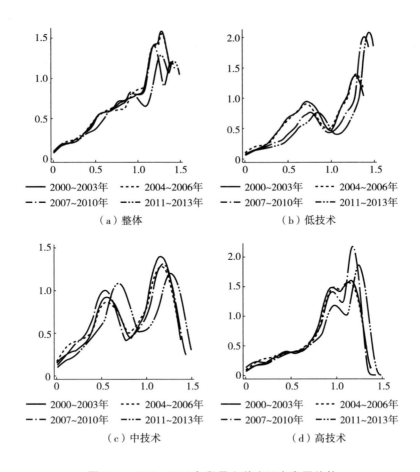

图 7-1　2000~2013 年贸易上游度距离发展趋势

企业贸易上游度距离曲线体现最明显的双峰状态，曲线整体向右移动，峰值降低，曲线宽度变小。高技术企业贸易上游度距离由不明显的双峰曲线变为较明显的双峰曲线，亦向右移动，且整体比中低技术企业曲线靠右，曲线宽度亦比中低技术企业要小。综上分析可知，我国不同技术类型企业产业链长度均得到延长，由于市场竞争呈现两极分化现象，发展尚不均衡。高技术企业贸易上游度距离长度明显高于中低技术企业，同时企业间差距也较大，即我国高技术企业更多地从事生产环节，或者更多地利用国内中间品投入生产。

7.2.2 企业贸易上游度距离企业间差异性

本土企业和外资企业本身存在生产率、管理模式、技术水平和生产模式的差异性，因此，绘制本土企业和外资企业贸易上游度距离核密度分布图，对比分析二者变动趋势的异同。如图7-2（a）所示，2000~2006年，我国本土企业贸易上游度距离曲线轻微靠右，曲线宽度亦较小，基本呈现单峰状态，峰值微低。2007~2013年，本土企业和外资企业贸易上游度距离曲线较2000~2006年向右偏移，宽度增加，呈多峰状态。且2007~2013年本土企业曲线明显位于外资企业曲线右侧。可知本土企业的国内产业链长度大于外资企业，相比之下，本土企业更愿意依托国内市场，使用国内中间品，延长生产环节。并且随着经济发展，本土企业贸易上游度距离内部差距变大，由均衡发展到非均衡状态转变。

对不同技术类型本土企业和外资企业贸易上游度距离变动趋势做进一步分析，如图7-2（b）~（d）所示，2000~2006年不同技术类型本土企业贸易上游度距离曲线右侧与外资企业几乎重合，低技术本土企业贸易上游度距离曲线峰值高于外资企业，宽度几乎一致，均呈双峰状态。中技术本土企业贸易上游度距离曲线较外资企业宽，峰值亦较低，同样都是双峰。高技术本土企业曲线宽度与外资企业基本重合，峰值低于外资企业，且不同的是，本土企业曲线为单峰，外资企业则为双峰。2007~2013年，低技术本土企业贸易上游度距离曲线和外资企业基本重合，相比于2000~2006年外资企业曲线明显右移。中技术本土企业和外资

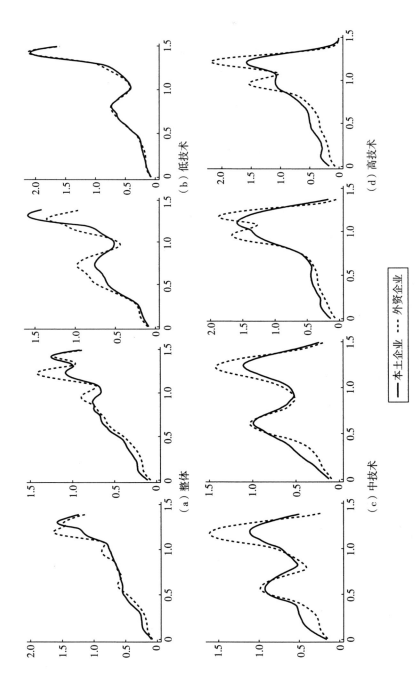

图 7-2 2000～2006 年和 2007～2013 年本土企业和外资企业贸易上游度距离趋势

企业无论是曲线位置、宽度、峰值高度还是峰量均没有明显变化。高技术本土企业在此期间变为双峰，且峰值降低，曲线宽度增加。外资企业曲线的宽度变小，峰值变高。综上分析，从分技术对比来看，我国中技术本土企业贸易上游度距离水平略高于外资企业，低技术和高技术企业并不明显，但相比来看，低技术外资企业贸易上游度距离水平在 2007~2013 年增加较为明显，高技术本土企业国内产业链长度的企业间差距增加。

7.3 实证分析

7.3.1 计量模型

7.3.1.1 基准模型

借鉴已有文献，构建本章计量模型如下：

$$rq_{ft} = \alpha + \beta dplv_{ft} + \beta_1 syd_{ft} + \theta X + u_f + u_t + u_k + \varepsilon_{ft} \tag{7-1}$$

其中，f、t、k 分别表示企业、年份和地区；rq_{ft} 表示出口产品质量标准化结果；$dplv_{ft}$ 表示贸易上游度距离；syd_{ft} 表示出口上游度，贸易上游度距离指标由进口上游度和出口上游度的差值表示，因此，模型中控制了出口上游度，出口上游度固定时，贸易上游度距离值越大，企业国内生产环节越多，即表明我国国内价值链长度越大；X 表示企业层面、行业层面控制变量；u_f、u_t 和 u_k 分别表示企业、年份和地区固定效应；ε_{ft} 表示随机扰动项。

7.3.1.2 中介模型

基于第 4 章的理论分析，将通过构建中介模型检验，从技术水平、市场集中度、企业全要素生产率和融资约束四个层面检验核心解释变量可能的作用渠道。参考已有文献，本小节以三步法检验贸易上游度距离对出口产品质量的作用机制，模型设定如下：

$$rq_{ft}=\alpha+\beta dplv_{ft}+\beta_1 syd_{ft}+\theta X+u_f+u_t+u_k+\varepsilon_{ft} \tag{7-2}$$

$$\text{int } er_{ft}=\alpha+\beta dplv_{ft}+\beta_1 syd_{ft}+\theta X+u_f+u_t+u_k+\varepsilon_{ft} \tag{7-3}$$

$$rq_{ft}=\alpha+\beta dplv_{ft}+\beta_1 syd_{ft}+\beta_2 \text{int } er_{ft}+\theta X+u_f+u_t+u_k+\varepsilon_{ft} \tag{7-4}$$

其中，模型（7-2）为核心解释变量贸易上游度距离对制造企业出口产品质量的影响；模型（7-3）中介变量作为被解释变量，对核心解释变量回归分析；模型（7-4）是将中介变量代入基准回归模型，被解释变量对核心解释变量和中介变量回归，检验中介变量作用程度。

7.3.2　基准回归

贸易上游度距离与制造企业出口产品质量的回归结果如表 7-1 所示。为了充分考察贸易上游度距离对出口产品质量的影响，列（1）~列（4）采取逐次控制年份、企业和加入控制变量的方式，并采用以企业聚类的稳健标准误。实证结果表明贸易上游度距离回归系数始终为正，绝对值小幅度下降，显著性水平没有发生变化，表示在控制了众多变量之后，贸易上游度距离增加对制造企业出口产品质量的影响仍然具有显著正向作用。回归结果与已有文献研究相符，国内生产阶段数有利于缓解金融约束、提高企业全要素生产率和市场集中度（吕越，2019），而全要素生产率和金融约束缓解对出口产品质量的正向作用是已被验证的（施炳展等，2014）。可知，贸易上游度距离与制造企业出口产品质量存在正向关系结论较为可靠。

表 7-1　贸易上游度距离与制造企业出口产品质量基准计量结果

变量	（1）	（2）	（3）	（4）
dplv	0.0061***	0.0061***	0.0054***	0.0054***
	（18.31）	（18.16）	（16.08）	（6.57）
syd	0.0207***	0.024***	0.0227***	0.0227***
	（51.50）	（57.83）	（53.68）	（15.16）

变量	（1）	（2）	（3）	（4）
scale			0.0088 *** （18.20）	0.0088 *** （6.17）
age			0.0027 *** （2.80）	0.0027 （1.00）
sub			−0.0246 （−1.60）	−0.0246 （−0.99）
yfxl			0.002 *** （2.92）	0.002 （1.09）
ci			−0.0057 *** （−11.60）	−0.0057 *** （−4.36）
企业	N	N	N	Y
年份	N	Y	Y	Y
_cons	0.606 *** （332.00）	0.613 *** （323.45）	0.552 *** （124.10）	0.552 *** （42.38）
R^2	0.0182	0.0270	0.0292	0.0292
N	241434	241434	239518	239518

注：列（1）~列（3）括号内为 t 统计量，列（4）为企业层面聚类标准差的 t 统计量；*、**、***分别表示在10%、5%、1%水平上显著，下同。

7.3.3 稳健性检验

7.3.3.1 内生性检验

考虑到潜在的内生性问题，依据第 5 章和第 6 章从地理位置角度入手，以企业到我国八大港口最短距离作为进口上游度工具变量。由第 5 章和第 6 章第 2 节可知，出口上游度与港口最短距离正相关，进口上游度与到最近港口的距离存在负相关。因此，综合来看，企业距离港口较近时，出口上游度更低，进口上游度更高，进出口差值更大，产业嵌入距离更长，即贸易上游度距离与到最近港口的距离存在负相关。表 7-2 中的列（1）为两阶段最小二乘法估计结果，以到最近港口距离作为工具变量的贸易上游度距离回归系数显著为正，由 Kleibergen-Paap rk LM Statistic、Kleibergen-Paap rk Wald F Statistic 结果可知贸易上游度距离与所选工具变量具有较强相关性，回归结果可信。列（2）为滞后一期贸易上游度距离与制造企业产品质量回归结果，回归系数显著为正。进一步地，通过改变上游度测算权重的替换，以企业首次进入样本期的产品进出口额作为权重，测算企业层面上游度水平，排除因关税变化或企业自身变化造成的进出口结构的变化，参与回归分析，如表7-2中的列（3）结果所示，与基础回归结果一致。列（4）~列（6）分别加入了年份—地区固定效应、年份—行业固定效应以降低内生性问题，结果显示，贸易上游度距离回归系数仍然显著为正。考虑一系列可能存在的内生性问题之后，贸易上游度距离增加依然显著促进制造企业产品质量提升，可证实本章的基准回归结论较为稳健。

表7-2　贸易上游度距离与制造企业出口产品质量内生性问题计量结果

变量	（1）	（2）	（3）	（4）	（5）	（6）
$dplv$	0.0101 * （1.83）		0.0037 *** （4.90）	0.0055 *** （6.60）	0.0059 *** （6.83）	0.0059 *** （6.85）
$L. dplv$		0.0017 *** （3.84）				
syd	0.0230 *** （5.13）	0.0158 *** （7.00）	0.0151 *** （7.27）	0.0226 *** （15.17）	0.0236 *** （15.37）	0.0235 *** （15.38）
$scale$	0.0188 *** （8.80）	0.0109 *** （6.45）	0.0125 *** （9.29）	0.0087 *** （6.12）	0.0084 *** （5.86）	0.0084 *** （5.82）
age	−0.007 *** （−5.16）	0.0027 （0.68）	0.0054 ** （2.06）	0.0036 （1.32）	0.0031 （1.10）	0.0039 （1.40）
sub	−0.016 *** （−3.66）	−0.0267 （−0.87）	−0.0194 （−0.79）	−0.0228 （−0.92）	−0.0248 （−1.00）	−0.0234 （−0.95）
$yfxl$	0.0055 *** （3.06）	0.0025 *** （2.78）	0.0019 （1.12）	0.0019 （1.07）	0.0021 （1.17）	0.0021 （1.16）
ci	−0.009 *** （−4.53）	−0.0062 *** （−3.82）	−0.008 *** （−6.90）	−0.0058 *** （−4.43）	−0.006 *** （−4.18）	−0.006 *** （−4.23）
企业		Y	Y	Y	Y	Y
年份	Y	Y	Y	Y	Y	Y
行业	Y					
年份—地区				Y		Y

续表

变量	（1）	（2）	（3）	（4）	（5）	（6）
年份—行业					Y	Y
_cons	0.483*** (50.10)	0.558*** (29.77)	0.579*** (44.80)	12.15*** (10.89)	0.550*** (41.62)	12.18*** (10.80)
Kleibergen-Paap rk LM Statistic	166.45***					
Kleibergen-Paap rk Wald F Statistic	2755.028 [16.38]					
R²	0.0971	0.0211	0.0152	0.0310	0.0323	0.0339
N	239404	122250	263980	239518	227240	227240

注：小括号内为企业层面聚类标准差的 t 统计量；Kleibergen-Paap 统计量中括号内的数值为 Stock-Yogo 检验 10% 水平上的临界值。

7.3.3.2 其他稳健性检验

贸易上游度距离是企业进口上游度和出口上游度的差值，其中数据牵涉到企业进口和出口产品金额，因此采取第 6 章相似方法，从指标转换、间接进口样本剔除和单行业及跨行业企业分样本回归三个方向进行稳健性检验。

（1）为了避免变量测算方法不同产生的回归结果误差，同第 5 章相似，运用单位价值测算出口产品质量（rq_MZ），回归结果如表 7-3 列中的（1）所示。从表 7-3 整体来看，被解释变量指标测算方式的变化，并没有影响贸易上游度距离对制造企业产品质量显著促进作用，进一步验证了本书核心结论的稳健性。

表 7-3 指标转换与分样本回归计量结果

变量	（1） rq_MZ	（2） zrq	（3） zrq	（4） zrq
dplv	0.0038** (2.56)	0.0053*** (4.46)	0.0036* (1.68)	0.0054*** (6.06)
syd	0.0042* (1.90)	0.0247*** (12.28)	0.0216*** (6.92)	0.0225*** (14.14)

续表

变量	(1)	(2)	(3)	(4)
	rq_MZ	zrq	zrq	zrq
scale	-0.0055**	0.0063***	0.0039	0.009***
	(-2.26)	(3.24)	(1.28)	(6.04)
age	0.0004	-0.0003	0.0085	0.0029
	(0.09)	(-0.08)	(1.54)	(1.01)
sub	0.0972	-0.0298	0.281***	-0.0262
	(1.21)	(-0.69)	(2.97)	(-1.04)
yfxl	-0.0046	0.0026	0.0034	0.0021
	(-1.43)	(1.04)	(0.79)	(1.12)
ci	0.0036	-0.0042**	-0.0002	-0.0058***
	(1.49)	(-2.23)	(-0.06)	(-4.21)
企业	Y	Y	Y	Y
年份	Y	Y	Y	Y
_cons	0.541***	0.567***	0.544***	0.552***
	(23.54)	(29.35)	(22.03)	(39.82)
R²	0.001	0.0317	0.0300	0.0287
N	239518	144345	12075	227442

（2）与第6章稳健性检验类似，从事直接进口的企业，较大可能会为其他无进口经营权企业提供间接进口，从而会存在"过度进口"问题，因此，在产品种类分属行业层面上测算出进口上游度，进而得到的贸易上游度距离指标可能存在误差。鉴于此，删除企业进口产品总额大于中间品投入额数据样本，避免其对研究结果的干扰。回归结果如表7-3中的列（2）所示，与基准回归结果相比，系数绝对值与显著性水平基本没有变化，实证结果稳健。

（3）不同进口产品具有不同需求结构和数量。依据第6章稳健性检验中提到的方式，在HS6产品码上匹配行业上游度，以行业代码为基础，区分单行业和跨行业企业样本分别回归，结果如表7-3中的列（3）、列（4）所示，与基准回归结果一致，表明本书核心结论可靠。

7.3.4 作用机制

基于上文分析，贸易上游度距离增加显著促进制造企业产品质量升级，那么贸易上游度距离对制造企业产品质量的影响路径如何？为了进一步分析二者内在联系，本小节分析贸易上游度距离作用机制。

表7-4为贸易上游度距离对制造企业出口产品质量作用机制检验结果。其中，列（1）为基准回归结果，列（2）、列（3）根据模型（7-5）、模型（7-6），中介变量企业技术水平的估计系数均为正，表明贸易上游度距离增加通过参与更多生产环节，掌握产品生产技术，进而提高出口产品质量。列（4）~列（7）是市场集中度、企业全要素生产率为中介变量回归结果，对贸易上游度距离和出口产品质量回归系数均显著为正，表明贸易上游度距离增加通过增强企业市场集中度和全要素生产率促进制造企业出口产品质量。列（8）、列（9）是企业融资约束[①]为中介变量回归结果，企业融资约束对贸易上游度距离和出口产品质量的回归系数显著为负，表明贸易上游度距离增加可通过缓解融资约束促进制造企业出口产品质量。综上实证结果，贸易上游度距离增加可通过提升企业技术水平、增强市场集中度、提升企业全要素生产率和缓解企业融资约束促进制造企业出口产品质量升级。

表7-4 贸易上游度距离与制造企业出口产品质量作用机制检验

变量	(1)	(2)	(3)	(4)	(5)	(6)	(7)	(8)	(9)
	zrq	Jstr	zrq	pcm	zrq	lp	zrq	dlixi	zrq
dplv	0.005***	0.01***	0.005***	0.006***	0.007***	0.069***	0.005***	-0.09***	0.0456
	(6.57)	(3.22)	(6.57)	(3.66)	(6.59)	(11.75)	(6.13)	(-17.84)	(1.20)
jstr			0.002***						
			(2.64)						

---

① 融资约束是二值类别变量，借鉴方杰等（2017）对类别变量中介效应的分析，中介三步法回归中，运用 Probit 模型进行回归。

续表

变量	(1) zrq	(2) Jstr	(3) zrq	(4) pcm	(5) zrq	(6) lp	(7) zrq	(8) dlixi	(9) zrq
pcm					0.014*** (2.88)				
lp							0.006*** (6.17)		
dlixi									-0.301* (-1.72)
syd	0.023*** (15.16)	0.0086** (2.05)	0.023*** (15.17)	0.008*** (4.37)	0.023*** (13.54)	0.126*** (15.40)	0.022*** (14.21)	-0.08*** (-11.89)	0.235*** (5.98)
scale	0.009*** (6.17)	0.044*** (9.12)	0.009*** (6.16)	0.0012 (0.52)	0.01*** (5.78)	0.139*** (12.32)	0.008*** (5.53)	0.240*** (30.33)	-0.0356 (-0.58)
age	0.0027 (1.00)	0.0209** (2.37)	0.0027 (1.00)	0.014*** (2.87)	0.0025 (0.77)	0.095*** (4.81)	0.0023 (0.83)	0.123*** (9.66)	0.200* (1.75)
sub	-0.0246 (-0.99)	-0.0224 (-0.32)	-0.0246 (-0.99)	-0.0733 (-1.64)	-0.02 (-0.64)	-0.473** (-2.45)	-0.0207 (-0.82)	-0.120** (-2.48)	-0.0794 (-0.81)
yfxl	0.002 (1.09)	3.403*** (2.63)	-0.0006 (-0.05)	-0.0037 (-1.19)	0.0021 (0.99)	-0.0026 (-0.20)	0.0018 (0.96)	0.206*** (11.82)	-0.133 (-0.71)
ci	-0.01*** (-4.36)	0.003 (0.48)	-0.01*** (-4.36)	0.0048* (1.69)	-0.01*** (-4.38)	-0.19*** (-17.92)	-0.01*** (-3.44)	0.032*** (3.47)	-0.22*** (-3.27)
企业	Y	Y	Y	Y	Y	Y	Y	Y	Y
年份	Y	Y	Y	Y	Y	Y	Y	Y	Y
_cons	0.552*** (42.38)	-0.0647 (-1.24)	0.552*** (42.32)	0.054** (2.45)	0.541*** (35.08)	4.206*** (39.68)	0.528*** (38.08)	-1.82*** (-31.21)	3.423*** (9.24)
R^2	0.0292	0.447	0.0292	0.00210	0.0293	0.0682	0.0301		
N	239518	239518	239518	194486	194486	234092	234092	239518	194762

注：列（1）~列（7）括号内均为企业层面聚类标准差的 t 统计量，列（8）、列（9）为企业层面聚类标准差的 z 统计量。

7.3.5 异质性分析

异质性检验依然参考本书第 5 章处理方式，从企业贸易方式、所有制、行业技术水平和地区异质性四个方面展开。

（1）企业贸易方式异质性，结果如表 7-5 列（1）、列（2）所示，加工贸易和一般贸易企业贸易上游度距离与出口产品质量均呈现正向关系，相比来看，一般贸易企业回归显著性水平较低，可知，加工贸易企业贸易上游度距离增加对出口产品质量的影响更加明显。

表 7-5　贸易上游度距离对企业出口产品质量异质性影响计量结果

变量	企业异质性				行业异质性	制度异质性	
	加工贸易	一般贸易	外资企业	本土企业	技术水平	东部	中西部
dplv	0.008 ***	0.0031 **	0.007 ***	0.0023 *	0.0002	0.0054 ***	0.004
	(7.85)	(2.30)	(6.02)	(1.90)	(0.12)	(6.59)	(0.80)
zdjs					-0.0053		
					(-1.11)		
dplv_zdjs					0.0072 ***		
					(4.04)		
syd	0.014 ***	0.031 ***	0.023 ***	0.02 ***	0.0223 ***	0.022 ***	0.0451 ***
	(9.88)	(11.70)	(11.81)	(8.34)	(15.17)	(14.63)	(5.22)
scale	0.008 ***	0.0062 **	0.01 ***	0.0065 **	0.0087 ***	0.0089 ***	0.0062
	(5.26)	(2.43)	(5.56)	(2.53)	(6.14)	(6.15)	(0.77)
age	0.0015	0.0055	0.0062	0.0006	0.0027	0.0036	-0.0036
	(0.49)	(1.15)	(1.49)	(0.14)	(1.00)	(1.29)	(-0.28)
sub	-0.0269	-0.0445	-0.0228	0.0003	-0.0245	-0.0322	0.118
	(-0.94)	(-0.50)	(-1.05)	(0.00)	(-0.98)	(-1.24)	(1.15)
yfxl	0.0023	-0.0007	0.0031	0.0005	0.002	0.0024	-0.0117
	(1.20)	(-0.23)	(1.42)	(0.15)	(1.10)	(1.30)	(-1.04)
ci	-0.006 ***	-0.0026	-0.01 ***	-0.005 **	-0.006 ***	-0.006 ***	-0.0085
	(-4.04)	(-1.05)	(-4.46)	(-2.06)	(-4.40)	(-4.25)	(-1.39)
企业	Y	Y	Y	Y	Y	Y	Y
年份	Y	Y	Y	Y	Y	Y	Y
_cons	0.604 ***	0.520 ***	0.543 ***	0.572 ***	0.559 ***	0.553 ***	0.505 ***
	(47.14)	(21.13)	(32.48)	(23.23)	(41.31)	(42.21)	(5.51)
R^2	0.0244	0.0409	0.0305	0.0252	0.0309	0.0288	0.0665
N	106068	87390	171230	63214	239518	229671	9846

（2）企业所有制异质性，将企业分为外资企业和本土企业，分样本回归结果如表 7-5 中的列（3）、列（4）所示，外资企业核心解释变量回归系数显著，显著性水平为 1%，本土企业核心解释变量回归系数显著性水平为 10%。外资企业背靠母国技术，在一定进出口上游度区间内通过延长产业链实现技术转移提升产品质量，相对地，本土企业技术水平和管理能力较低，贸易上游度距离增加对产品质量的正向作用具有一定的局限。

（3）行业技术水平差异，将行业在世界投入产出表 isic 层面对行业企业进行技术水平划分，并以高技术行业为基准，引入中低技术虚拟变量、贸易上游度距离和中低技术交互项，回归结果如表 7-5 中的列（3）所示，交互项系数显著为正，表明相较于高技术行业，贸易上游度距离增加对中低技术行业产品质量的促进作用更大。相比于中低技术行业企业，高技术行业企业技术要求更高，价值链生产分割技术溢出效应和学习效应对其促进作用有限，更注重的是自身研发创新能力的提升。

（4）地区异质性，将企业根据经济发展水平进行样本划分，并进行分样本回归，结果如表 7-5 中的列（7）、列（8）所示，可知，东部地区企业贸易上游度距离回归估计系数显著，且显著性水平为 1%，中西部地区企业进口上游度回归系数并不显著。中西部地区经济发展水平较低，多从事劳动密集型和资源密集型产品生产，考察期内，更多地通过扩大劳动力规模和资源投入提高出口产品质量，相对地，贸易上游度距离增加能够带来的技术能力提升并不显著。

7.4　进一步研究：贸易上游度距离与地区—行业产品质量变动

上述通过理论分析和实证检验得出贸易上游度距离对制造企业出口产品质量

的正向影响和作用机制，为了研究稳健性和完整性，类似第 5 章中行业层面研究，对地区—行业出口产品质量进行分解，研究贸易上游度距离对地区—行业出口产品质量的影响。本小节主要探究贸易上游度距离对各分解效应所引致的地区—行业出口产品质量的影响。

接下来，对贸易上游度距离影响地区—行业出口产品质量的影响路径进行实证检验，建立如下计量模型：

$$Q_{cjt} = \beta_o + \beta_1 dplv_{cjt} + \beta_2 syd_{cjt} + u_c + u_j + u_t + \varepsilon_{cjt} \tag{7-5}$$

Q_{cjt} 在不同模型中分别表示式（7-5）中各分解效应，以及由此加总得出的地区—行业出口产品质量总变动和资源再配置效应。估计结果如表 7-6 所示，其中，列（1）为总变动因变量回归结果，估计系数显著为正，表明贸易上游度距离显著促进地区—行业出口产品质量升级。为了较全面揭示贸易上游度距离对各分解效应所引致的地区—行业出口产品质量的影响，列（2）~列（5）分别报告了企业内效应、企业间效应、进入企业效应和退出企业效应作为因变量的回归结果，发现贸易上游度距离对企业内效应、企业间效应影响均显著为正，对企业间效应的影响更大，说明贸易上游度距离增加显著提升在位企业出口产品质量，相比之下，更是较大程度上促进了在位企业间资源流动，有效资源向高出口产品质量企业聚集，促进了资源在现有市场中的优化配置进而促进地区—行业出口产品质量升级。另外，列（4）中贸易上游度距离估计系数显著为正，可知贸易上游度距离一定程度上降低出口企业市场进入门槛，促使新企业参与出口市场；列（5）显示贸易上游度距离回归系数显著为负，即贸易上游度距离增加，增加企业出口期限。一般来说，新进入企业具有较低生产效率，濒临退出企业亦逐步丧失市场竞争力，贸易上游度距离增加促使新进入企业增多的同时，应该退出市场的低生产率企业又不及时跳出出口市场，会在一定程度上拉低地区—行业出口产品质量的平均值。进一步地，列（6）显示资源再配置效应为因变量回归结果，贸易上游度距离估计系数为正，且通过 1% 显著性水平检验，表明贸易上游度距离通过提高企业间资源再配置效应正向促进提高地区—行业出口产品质量，相较于贸易上游度距离由进入企业和退出企业效应产生的负向影响，其通过企业间效应对地区—行业出口产品质量积极影响更为显著。综上所述，资源再配置效应是贸易上游度距离促进地区—行业出口产品质量升级的重要作用路径。

表 7-6　贸易上游度距离与地区—行业出口产品质量变动

变量	(1) 企业内效应	(2) 企业间效应	(3) 进入企业效应	(4) 退出企业效应	(5) 资源再配置效应	(6) 总变动
$dplv$	0.522*** (9.68)	0.0316** (2.11)	0.123*** (8.60)	0.167*** (6.20)	−0.546*** (−20.05)	0.478*** (8.45)
_cons	1.432*** (36.26)	0.492*** (41.17)	0.0571 (1.51)	0.240*** (28.36)	0.774*** (96.66)	0.948*** (23.05)
企业	Y	Y	Y	Y	Y	Y
年份	Y	Y	Y	Y	Y	Y
地区	Y	Y	Y	Y	Y	Y
R^2	0.0810	0.0265	0.0682	0.0928	0.0728	0.0912
N	5171	4850	4010	3007	2830	2830

7.5　本章小结

传统比较优势逐渐丧失和国际贸易环境恶化，使我国对外贸易举步维艰，经济发展面临巨大挑战。2020 年两会期间，习近平总书记提出双循环新发展格局战略，强调实现更高层次对外开放模式，完善国内市场，以更高姿态融入全球价值链。因此，明确国内国际循环衔接点，依靠国内市场强化国内循环，通过高品质产品出口连接国际循环市场，再以进口高技术产品反哺国内循环市场，实现国内国际良性互动，成为指导我国未来经济贸易持续发展的战略性意见。本章以进口和出口作为国内国际循环衔接点，从国内价值链长度出发，研究贸易上游度距离对制造企业产品质量的影响和作用路径。实证结果表明：①贸易上游度距离增加显著促进制造企业出口产品质量升级，意味着我国企业可通过增加产业嵌入宽度，扩张国内价值链条环节，实现国际价值链升级，推动我国经济高质量发展。采用企业到最近港口距离作为工具变量，并控制了一系列变量降低内生性问题后，回归结果依然可靠。②作用机制检验结果显示，贸易上游度距离主要通过提升技术水平、增强市场集中度、提高企业全要素生产率和缓解企业融资约束促进制造企业出口产品质量升级。③进一步分析表明，相比较而言，贸易上游度距离增加对于加工贸易企业、外资企业、中低技术行业企业以及东部地区企业的产品质量提升作用更大。④将研究视角从微观转向中观层面，贸易上游度距离显著促进地区—行业出口产品质量升级。

第8章 政策建议与研究展望

我国对外贸易经历了几十年的高速发展，不断嵌入全球价值链生产网络，如今进入关键转折期。本书在国际国内双重贸易困境下，在对比分析我国贸易上游度和出口产品质量水平基础上，从微观企业层面深度研究贸易上游度与制造企业出口产品质量的关系和作用路径，具体分别揭示出口上游度、进口上游度和贸易上游度距离对制造企业出口产品质量的影响，并各自检验其微观作用机理。本章主要总结本书的主要结论，以待能够提供一定的政策思路。当然，本书尚有不足之处需同时指明，为后续研究提供参考。

8.1 主要结论及政策建议

8.1.1 主要结论

（1）关于贸易上游度和中国出口产品质量定量分析结果。贸易上游度测度可知：首先，世界绝大多数国家整体上游度水平得到提升，对比其他国家，我国整体处于全球价值链上游环节，且呈现继续沿链条向上移动趋势。发达国家整体上游度向最终消费端移动。其次，在产业层面，相比于服务部门，世界各国和地区生产部门在全球价值链中处于上游位置，且中国具有更高的上游度。我国制造业亦高于其他国家，处于全球价值链上游环节，且呈现继续沿链条向上移动趋势。其中，我国中技术制造业上游度水平较高，更多地以中间品形式参与国际分工，同时低技术制造业上游度水平增加更快，发达国家低中高技术上游度在2014年后均出现向全球价值链下游环节移动的趋势。再次，在部门层面，我国上游度水平较高的行业集中在第二产业，制造业占据多数，第三产业上游度水平则普遍较低。具体地，采矿业等行业处于全球价值链上游环节。最后，基于上游度视角进行行业相似度匹配，我国产业结构仍属于发展中国家行列，与发达国家间的产业结构尚存在一定的差距。

由出口产品质量测度可知：首先，世界绝大多数国家整体出口产品质量水平得到提升，对比其他国家，我国出口产品质量仍处于中下游位置，呈现持续增长的趋势。其次，在产业层面，世界各国大力发展制造业，出口产品质量不断提高，根据平均值来看，其中发达国家制造业出口产品质量上升态势较为平稳。我国制造业出口产品质量水平处于发展中国家和发达国家均值之间，属于中等水平，呈现较大幅度曲折上升趋势。不同技术制造业出口产品质量提高幅度和速度均有差异，虽然均处于持续提高趋势，但总体来看，我国高技术水平出口产品质量水平更高，而中技术水平制造业出口产品质量水平增速最快，中技术制造业出口产品质量值亦基本上位于发展中国家和发达国家之间，且起伏性较大。最后，在部门层面，无论是发达国家还是发展中国家，采选业凭借其固有资源优势，具有较高质量水平。考察期间，从出口产品质量平均值可知，相比于印度和俄罗斯，我国出口产品质量值最高，印度次之，俄罗斯最低。然而，我国行业出口产品质量水平与发达国家尚具有一定的差距。

（2）关于出口上游度与中国出口产品质量。首先，出口上游度水平提高显著促进制造企业出口产品质量升级，意味着嵌入全球价值链可推动我国高质量经济发展。作用机制检验结果显示；出口上游度提高通过企业劳动力和中间品投入规模效应、进口产品质量、产品种类以及产品技术溢出效应提高全要素生产率，进而促进制造企业出口产品质量升级，而企业技术研发效率的内生动力中介效应并不显著。进一步分析表明，相比较而言，出口上游度提升对于一般贸易、本土企业、高技术行业企业以及中西部地区企业的产品质量提升作用更大。

（3）关于进口上游度与中国出口产品质量。进口上游度与制造企业出口产品质量呈倒"U"型关系，经过企业到最近港口距离作为工具变量，并去除关税因素和企业自身因素干扰后，回归结果依然稳健。作用机制检验结果显示，进口上游度小于 4.375 时，企业进口产品向链条上游环节移动，主要通过进口产品种类效应、技术溢出效应、企业全要素生产率和研发效率，促进制造企业出口产品质量升级；进口上游度大于 4.375 时，企业进口产品继续向链条上游环节移动会降低制造企业出口产品质量。异质性分析表明，进口上游度提升对于加工贸易企业、外资企业、高技术行业企业以及东部地区企业出口产品质量影响更加显著。进一步分析发现，地区要素流动能够强化进口上游度的产品质量影响程度。最后，加总到行业层面，进口上游度一味提高不利于地区—行业出口产品质量升级。应加快地区要素流动，引导企业在关注产品进口成本的同时，更加关注进口产品在价值链中嵌入位置，选择具有一定复杂度和技术含量的中间品，实现我国制造企业出口产品质量升级。

（4）关于贸易上游度距离与中国出口产品质量。贸易上游度距离与制造企业出口产品质量正向相关。通过引入地理距离工具变量，并控制了相关固定效应和一系列检验之后，回归结果依然稳健。作用机制检验结果显示，贸易上游度距离主要通过增加技术投入、增强市场集中度、提高企业全要素生产率和缓解企业融资约束促进制造企业出口产品质量升级。异质性分析表明，加工贸易企业、外资企业、中低技术行业企业以及东部地区企业更能够发挥贸易上游度距离的正向效应。扩展分析中，贸易上游度距离显著促进地区—行业出口产品质量升级，且资源再配置效率对地区—行业出口产品质量的贡献率达 52.87%。增加贸易上游度距离意味着增加国内价值链长度，因此，开发国内市场潜力，是我国提高出口产品质量，优化国内大循环，实现内外双循环良性互动的重要途径。

8.1.2　政策建议

根据本书理论和实证检验结果，结合我国现实发展，提出以下政策建议：

（1）以高水平对外开放推动中国制造业向价值链核心环节移动。我国制造企业出口产品质量升级离不开全球价值链的推动作用，而全球价值链对我国经济高质量发展的作用毋庸置疑，我国在注重国内市场开发的同时，应以更积极的姿态进一步扩大开放水平，融入国际市场，带动并优化国际大循环，积极推进我国产品质量升级。同时应鼓励企业主动参与全球价值链，提高产品多样化，由加工组装环节向上游相对更为精细的生产环节移动，进一步深入全球价值链进行国际交流与合作。

（2）以企业创新活力摆脱对外技术依赖。我国制造企业出口产品质量提升路径决定了经济高质量发展的科学性和持续性。嵌入全球价值链企业或通过技术模仿和学习提高生产率，或通过低端加工获得巨大利益，但类似于此种外部动力均不具持续性。近年来国际形势变幻莫测，对我国技术依赖、出口导向型企业带来很大影响。所以，自主研发、技术独立才是复杂国际关系中屹立不倒的基石。因此，政府在鼓励企业参与国际贸易的同时，应加大自主研发补贴投入，通过一系列优惠政策，使企业有更多的资本投入到技术创新之中。

（3）以国内中间品替代低端中间品进口。基于成本优势和利益导向，我国企业中间品采购向上游环节不断移动。在不改善企业生产技术和模式的情况下，一味进口低技术中间品将不利于产品质量升级，甚至会束缚于价值链低端中间品生产环节。因此，其一应引导企业以国内中间品替代国外中间品，加强企业整合的同时扩大内需。其二在进口成本的基础上应引导企业更加关注中间品复杂度、多样性和技术含量，更加重视自身技术升级。

（4）以国内产业联合平台延长产业链。贸易上游度距离增加有效推进出口产品质量升级。中国有大量的区域特色产业集群，比如江苏、浙江、河南等地区广泛存在一个区域、一个县或一个镇，围绕某一特色产业，有成千上万个中小微企业，产业内部的单个企业大部分规模比较小，但是整个集群却具有显著的规模优势和一定的市场占有率。这些区域（区县、乡镇）产业集群普遍面临着转型与发展的双重压力，急需地方政府依托互联网平台和 5G 技术，结合产业上下游痛点和共性需求，建立全产业链的一站式共享服务平台，提供集资讯、交易、物流、技术等综合配套服务，推动整个产业的规范发展和产业结构布局的优化调整，完成国内市场孵化，为产品质量升级和出口贸易竞争提高提供强大原动力。

（5）以适应性政策引领出口贸易发展。我国中央和地方政府应着重于企业贸易方式、行业技术水平和地区经济发展水平的差异性，调整全球价值链参与方式，制定适应性政策，实行有差别的价值链嵌入方式，以达到无差别的出口产品质量提升。

（6）以标准市场规则稳定国内和国际贸易体系。一方面，我国中央和地方政府应制定并完善地区治理规则，鼓励市场良性竞争，降低非国有企业融资门槛，为企业发展和产品质量升级提供土壤。另一方面，国际贸易规则随全球市场发展不断变化，我国应审时度势，与国际规则挂钩，引领国内产业与国际产业体系发展同向而行，衔接国内国际市场，提高产品生产标准和质量的同时，实现我国新旧发展格局"平滑"过渡。

8.2　研究不足与展望

本书经过对全球价值链嵌入位置的量化，分别研究了出口上游度、进口上游度和贸易上游度距离对出口产品质量的影响，并对各自的作用机理进行实证检验。研究对全球价值链和经济高质量发展理论中进行一定补充的基础上，同时为我国制定对政策、引导企业进出口行为和产品结构调整提供了理论支撑。然而，任何研究都存在遗憾，本书在研究过程中亦存在不足，总结为以下几方面，可在未来研究中进一步完善：

（1）鉴于本书的研究对象，由工业企业数据库、海关数据库和世界投入表匹配而来的微观企业面板数据是最合适的，但由于微观数据的更新滞后，本书的理论假设只能通过历史数据进行验证。

（2）在指标测算上，上游度作为全球价值链嵌入位置的新指标以行业为测算对象，对宏观系统中投入产出关系的反映，表明宏观意义上的产业链，并不是对某一细化产品生产过程的精细描述。受数据可得性限制，无法得到企业层面某一产品投入产出信息，不能直接测算出企业在某个产品生产链条中的具体位置。本书研究中匹配海关数据库、工业企业数据库和世界投入产出表，完成了行业层面宏观价值链与微观层面企业产品生产链的对接，经过多次加权求和与代码匹配转换，指标测算结果和实证分析的准确性会有所降低。

（3）本书在研究贸易上游度距离对中国出口产品质量的影响章节中，在讨论作用机制时，用企业固定资产投资和存货增减间接考察企业国内生产环节增加的方式。然而，归根结底，企业是通过自身扩大产业链，还是转移中间品供应商到国内，致使国内产业链长度增加，并没有直接的证据，研究结果难免会与实际情况有所偏差。

（4）本书研究背景中提到，"逆全球化"思潮、贸易保护主义等外部冲击影响了我国对外贸易发展，而在理论分析和实证分析中并没有涉及相关外部冲击对贸易上游度和出口产品质量关系的影响，在未来研究中如能从这方面得到补充，或许能够得到更准确的研究结论。因此，收集关税或非关税壁垒的数据能够进一步完善并深化本书研究。

参考文献

［1］ Amiti M. , Khandelwal A. Competition and Quality Upgrading ［D］. Mimeo: Columbia University, 2009.

［2］ Amiti M. , Konings J. Trade Liberalization, Intermediate Inputs and Productivity ［J］. American Economic Review, 2007, 97 (5): 1611-1638.

［3］ Amiti M. , Wei, Shang Jin. Service Offshoring and Productivity: Evidence from the US ［J］. World Economy, 2010, 32 (2): 203-220.

［4］ Antràs P. , Chor D. Organizing the Global Value Chain ［J］. Econometrica, 2013, 81 (6): 2127-2204.

［5］ Antràs P. , Chor D. , Fally T. , et al. Measuring the Upstream Ness of Production and Trade Flows ［J］. American Economic Review Papers & Proceedings, 2012, 102 (3): 412-416.

［6］ Antras, Chor D. Organizing the Global Value Chain ［J］. Econometrica, 2013, 81 (6): 2127-2204.

［7］ Auer R. , T. Chaney. Exchange Rate Pass-through in a Competitive Model of Pricing-to-Market ［J］. Journal of Money, Credit and Banking, 2009, 41 (s1): 151-175.

［8］ Aw B. Y. , Hwang A. R. Productivity and the Export Market: A Firm-level

Analysis [J]. Journal of Development Economics, 1995, 47 (2): 313-332.

[9] Baldwin R., Harrigan J. Zeros Quality and Space: Trade Theory and Trade Evidence [R]. NBER Working Paper, 2007, No. 13214.

[10] Bas M., Strauss-Kahn V. Input-trade Liberalization, Export Prices and Quality Upgrading [J]. Journal of International Economics, 2015, 95 (2): 250-262.

[11] Bas M., Strauss-Kahn V. Does Importing More Inputs Raise Exports? Firm-level Evidence from France [J]. Review of World Economics, 2014, 150 (2): 241-275.

[12] Bastos P., Silva J. The Quality of a Firm's Exports: Where You Export to Matters [J]. Journal of International Economics, 2010 (82): 99-111.

[13] Bekker E., Francois J., Manchin M. Import Prices, Income and Inequality [R]. WIIW Working Paper, 2012, No. 82.

[14] Brandt L., V. B. Johannes, Y. F. Zhang. Creative Accounting or Creative Destruction? Firm-Level Productivity Growth in Chinese Manufacturing [J]. Journal of Development Economics, 2012, 97 (2): 339-351.

[15] Brooks E. Why Don't Firms Export More? Product Quality and Colombian Plants [J]. Journal of Development Economics, 2006, 80 (1): 60-178.

[16] Brown J. R., Fazzari S. M., Petersen B. C. Financing innovation and Growth: Cash Flow, External Equity and the 1990s R&D Boom [J]. Social Science Electronic Publishing, 2010, 64 (1): 151-185.

[17] Brynjolfsson E., Hitt L. M., Klm H. H. Strength in Numbers: How does Data-driven Decision-Making Affect Firm Performance? [R]. SSRN Working Papers, 2011.

[18] Chen H. Y., Swenson L. Multinational Firms and New Chinese Export Transactions [J]. Canadian Journal of Economics, 2007, 41 (2): 596-618.

［19］ Chen Z. Y. , J. Zhang, W. P. Zheng. Import and Innovation: Evidence from Chinese Firms ［J］. European Economic Review, 2017 （94）: 205-220.

［20］ Chenavaz R. Better Product Quality May Lead to Lower Product Price ［J］. The B. E. Journal of Theoretical Economics, 2017, 17 （1）: 1-22.

［21］ Choi Y. Chul, Hummels D. , Xiang C. Explaining Import Quality: The Role of Income Distribution ［R］. NBER Working Paper, 2006, No. 1253.

［22］ Cohen W. M. , Levinthal D. A. Innovation and Learning: The Two Faces of R&D ［J］. Economic Journal, 1989, 99 （397）: 569-596.

［23］ Crino R. , Epifani P. Productivity, Quality, and Export Intensities ［J］. Economic Journal, 2012.

［24］ Dhingra S. Trading away Wide Brands for Cheap Brands ［J］. American Economic Review, 2013, 103 （6）: 2554-2584.

［25］ Eaton J. , Kortum S. Technology, Geography and Trade ［J］. Econometrica, 2002, 70 （5）: 1741-1779.

［26］ Essaji A. , Fujiwara K. Contracting Institutions and Product Quality ［J］. Journal of Comparative Economics, 2012, 40 （2）: 269-278.

［27］ Flam, Harry, Helpman E. Vertical Product Differentiation and North-South Trade ［J］. American Economice Review, 1987, 77 （12）: 810-822.

［28］ Goldberg P. , Khandelwal K. A. , Pavcnik N. Multi-Product Firms and Product Turnover in the Developing World: Evidence from India ［J］. The Review of Economics and Statistics, 2010, 92 （4）: 1042-1049.

［29］ Gorzig B. , A. Stephan. Outsourcing and Firm-level Performance ［J］. German Institute for Economic Research, 2002 （1）: 309.

［30］ Graetz G. , Mic, Haels G. Robots at Work: The Impact on Productivity and Jobs ［R］. Centre for Economic Performance, LSE, 2015.

［31］ Granovetter. Economic Action and Social Structure: The Problem of Embeddedness [J]. American Journal of Sociology, 1985, 91 (3): 481-510.

[32] Griliches Z. , Regve H. Firm Productivity in Israeli Industry 1979 - 1988 [J]. Journal of Econometrics, 1995, 65 (1): 175-203.

[33] Grossman C. M. , Helpman E. Quality Ladders in the Theory of Growth [J]. The Review of Economic Studies, 1991 (1): 43-61.

[34] Grossman G. M. , Helpman E. Trade, Knowledge Spillovers, and Growth [J]. European Economic Review, 1991, 35 (2-3): 517-526.

[35] Guariglia A. , X. Liu, L. Song. Internal Finance and Growth: Micro-econometric Evidence on Chinese Firms [J]. Journal of Development Economics, 2011, 96 (1): 79-94.

[36] Hallak J. C. , J. Sivadasan. Productivity, Quality and Exporting Behavior under Minimum Quality Requirements [R]. NBER Working Paper, 2009.

[37] Hallak J. C. , Sivadasan J. Product and Process Productivity: Implications for Quality Choice and Conditional Exporter Premia [J]. Journal of International Economics, 2013, 91 (1): 53-67.

[38] Hallak J. C. Product Quality and the Direction of Trade [J]. Journal of International Economics, 2006, 68 (1): 238-265.

[39] Hallk J. , Schoot P. Estimating Cross-Country Differences in Product Quality [J]. Quarterly Journal of Economics, 2011, 126 (1): 417-474.

[40] Halpern L. , Koren M. , Szeidl A. Imported Inputs and Productivity [J]. American Economic Review, 2015, 105 (8): 3360-3730.

[41] Harding T. , Javorcik B. FDI and Export Upgrading [R]. University of Oxford Department of Economics Discussion Paper Series, 2011, No. 526.

[42] Hausmann R. , Huang Y. , Rodrik D. What You Export Matters [R]. NBER Working Paper, 2005, No. 11905.

[43] Hummels D. , Klenow P. The Variety and Quality of a Nation's Exports

[J]. American Economic Review, 2005, 95 (3): 704-723.

[44] Jensen J. B., Bernard A., Schott P. Importers, Exporters and Multinationals: A Portrait of Firms in the U. S. that Trade Goods [J]. Social Science Electronic Publishing, 2009.

[45] Johnson R. C., Noguera G. A Portrait of Trade in Value-added over Four Decades [J]. Review of Economics and Statistics, 2017, 99 (5): 896-911.

[46] Johnson R. C. Trade and Prices with Heterogeneous Firms [R]. Job Market Paper, 2008.

[47] Ju J., Yu X. Productivity, Profitability, Production and Export Structures along the Value Chain in China [J]. Journal of Comparative Economics, 2015, 43 (1): 33-54.

[48] Kasahara H., Rodrigue J. Does the Use of Imported Intermediates Increase Productivity? Plant-Level Evidence [J]. Journal of Development Economics, 2008, 87 (1): 106-118.

[49] Khandelwal A. K. The Long and Short of Quality Ladders [J]. Review of Economic Studies, 2010, 77 (4): 1450-1476.

[50] Khandelwal A. K., P. K. Schott, S. Wei. Trade Liberalization and Embedded Institutional Reform: Evidence from Chinese Exporters [J]. American Economic Review, 2013, 103 (6): 2169-2195.

[51] Koopman R., Powers W., Wang Z., Wei S. J. Give Credit Where Credit is Due: Tracing Value Added in Global Production Chains [R]. National Bureau of Economic Research Working Paper, 2010, No. 16426.

[52] Kugler M., Verhoogen E. Prices, Plant Size, and Product Quality [J]. Review of Economic Studies, 2012, 79 (1): 307-339.

[53] Lall S. The Technological Structure and Performance of Developing Country Manufactured Exports: 1985~1998 [R]. QEH Working Paper Series, 2000, No. 44.

[54] Liu Q. , Qiu L. D. Intermediate Input Imports and Innovations: Evidence from Chinese Firms' Patent Filings [J]. Journal of International Economics, 2016, 103: 166-183.

[55] Manova K. , Zhang Z. Multi-product Firms and Product Quality [R]. NBER Working Papers, 2012, No. 18637.

[56] Manova K. , Zhang Z. Export Prices across Finns and Destinations [J]. Quarterly Journal of Economics, 2012, 127 (1): 379-436.

[57] McPherson M. A. , Liedholm C. Determinants of Small and Micro Enterprise Registration: Results from Surveys in Niger and Swaziland [J]. World Development, 1996, 24 (3): 481-487.

[58] Melitz M. J. , S. Polanec. Dynamic Olley-Pakes Productivity Decomposition with Entry and Exit [J]. RAND Journal of Economics, 2015, 46 (2): 362-375.

[59] Melitz M. J. The Impact of Trade on Intra-Industry Reallocations and Aggregate Industry Productivity [J]. Econometrica, 2003, 71 (6): 1695-1725.

[60] Michaely M. Trade, Income Levels, and Dependence [R]. Amsterdam: North-Holland, 1984.

[61] Murphy K. , Shleifer A. Quality and Trade [J]. Journal of Development Economics, 1997, 53 (1): 1-15.

[62] Ohlin B. Interregional and International Trade [M]. Cambridge: Harvard University Press, 1933: 312.

[63] Qiu L. D. , Zhou W. Multiproduct Firms and Scope Adjustment in Globalization [J]. Journal of International Economics, 2013, 91 (1): 142-153.

[64] Schott P. K. Across-Product Versus Within-Product Specialization in International Trade [J]. Quarterly Journal of Economics, 2004, 119 (2): 647-678.

[65] Stokey N. Learning-by-doing and the Introduction of New Goods [J].

Journal of Political Economy，1988（96）：701-717.

［66］Thomas V. J. , S. Seema, J. Sudhi. Using Patents and Publications to Assess R&D Efficiency in the States of the USA ［J］. World Patent Information，2011（33）：4-10.

［67］Verhoogen E. Trade，Quality Upgrading and Wage Inequality in the Mexican Manufacturing Sector ［J］. Quarterly Journal of Economics，2008，132（2）：489-530.

［68］Xu Bin. Measuring China's Export Sophistication ［R］. Working Paper，China Europe International Business School，2007.

［69］Yu M. J. Processing Trade，Tariff Reductions and Firm Productivity：Evidence from Chinese Firms ［J］. Economic Journal，2015，125（6）：943-988.

［70］Zheng J. H. , Hu A. , Arne B. Can China's Growth be Sustained? A Productivity Perspective ［J］. World Development，2009，37（4）：874-888.

［71］白俊红，王钺．研发要素的区际流动是否促进了创新效率的提升［J］. 中国科技论坛，2015（12）：27-32.

［72］陈丰龙，徐康宁．中国出口产品的质量阶梯及其影响因素 ［J］. 国际贸易问题，2016（10）：15-25.

［73］陈凤兰．生产链位置与进口企业技术创新——基于下游度视角 ［J］. 国际贸易问题，2021（4）：78-93.

［74］陈航宇．我国出口产品质量升级动力研究——基于多产品企业的分析［D］. 杭州：浙江大学，2017.

［75］陈继勇，盛杨怿．外商直接投资的知识溢出与中国区域经济增长［J］. 经济研究，2008，43（12）：39-49.

［76］程虹，袁璐雯．机器人使用、工艺创新与质量改进——来自中国企业综合调查（CEGS）的经验证据 ［J］. 南方经济，2020（1）：46-59.

［77］程锐，马莉莉．高级人力资本扩张与制造业出口产品质量升级 ［J］.

国际贸易问题，2020（8）：36-51.

[78] 程文先，樊秀峰. 全球价值链分工下制造企业出口附加值测算——来自中国微观企业层面数据 [J]. 中国经济问题，2017（4）：52-65.

[79] 楚明钦，陈启斐. 中间品进口、技术进步与出口升级 [J]. 国际贸易问题，2013（6）：27-34.

[80] 楚明钦，丁平. 中间品、资本品进口的研发溢出效应 [J]. 世界经济研究，2013（4）：60-65.

[81] 大卫·李嘉图. 政治经济学及赋税原理 [M]. 郭大力，王亚南，译. 南京：译林出版社，2014.

[82] 党琳，李雪松，申烁. 制造业行业数字化转型与其出口技术复杂度提升 [J]. 国际贸易问题，2021（6）：32-47.

[83] 邓国营，宋跃刚，吴耀国. 中间品进口、制度环境与出口产品质量升级 [J]. 南方经济，2018（8）：84-106.

[84] 董银果，沈朝栋. 收入水平、收入分配与出口农产品质量 [J]. 商业研究，2021（6）：123-133.

[85] 杜传忠，管海锋. 数字经济与我国制造业出口技术复杂度——基于中介效应与门槛效应的检验 [J]. 南方经济，2021（12）：1-20.

[86] 樊海潮，李亚波，张丽娜. 进口产品种类、质量与企业出口产品价格 [J]. 世界经济，2020，43（5）：97-121.

[87] 范鑫. 数字经济与出口：基于异质性随机前沿模型的分析 [J]. 世界经济研究，2021（2）：64-76.

[88] 方森辉，毛其淋. 高校扩招、人力资本与企业出口质量 [J]. 中国工业经济，2021（11）：97-115.

[89] 冯志坚，刘长庚. 垂直专业化与外资溢出效应研究——基于中国工业企业数据的实证检验 [J]. 经济经纬，2016，33（3）：54-59.

[90] 高静，韩德超，刘国光. 全球价值链嵌入下中国企业出口质量的升级

［J］. 世界经济研究，2019（2）：74-84.

［91］高翔，黄建忠，袁凯华. 价值链嵌入位置与出口国内增加值率［J］. 数量经济技术经济研究，2019，36（6）：41-61.

［92］龚关，胡关亮. 中国制造业资源配置效率与全要素生产率［J］. 经济研究，2013（4）：4-15.

［93］海闻，林德特，王新奎. 国际贸易［M］. 上海：上海人民出版社，2005.

［94］韩会朝，徐康宁. 中国产品出口质量门槛假说及其检验［J］. 中国工业经济，2014（4）：58-70.

［95］贺唯唯，张亚斌. 二元结构、人力资本转化与企业出口产品质量［J］. 经济科学，2020（5）：45-58.

［96］洪俊杰，蒋慕超，张宸妍. 数字化转型、创新与企业出口质量提升［J］. 国际贸易问题，2022（3）：1-15.

［97］胡奕明，徐明霞，刘龙雪. 企业向高"上游度"行业转型：进击或退却？——基于上市公司行业分类代码变动的实证研究［J］. 投资研究，2018，37（9）：90-108.

［98］胡昭玲，江璐，汪子豪. 全球价值链嵌入、管理效率与出口产品复杂度［J］. 中南财经政法大学学报，2020（3）：117-126.

［99］黄先海，蔡婉婷，宋华盛. 金融危机与出口质量变动：口红效应还是倒逼提升［J］. 国际贸易问题，2015（10）：98-110.

［100］黄先海，周俊子. 中国出口广化中的地理广化、产品广化及其结构优化［J］. 管理世界，2011（10）：20-31.

［101］黄先海，诸竹君，宋学印. 中国中间品进口企业"低加成率之谜"［J］. 管理世界，2016（7）：23-35.

［102］简泽，段永瑞. 企业异质性、竞争与全要素生产率的收敛［J］. 管理世界，2012（8）：15-29.

［103］江小涓，孟丽君．内循环为主、外循环赋能与更高水平双循环——国际经验与中国实践［J］．管理世界，2021，37（1）：1-19.

［104］李红阳，王晓娆．嵌入全球价值链可以缓解民营企业的贷款难问题吗？［J］．世界经济研究，2016（12）：83-92.

［105］李坤望，蒋为，宋立刚．中国出口产品品质变动之谜：基于市场进入的微观解释［J］．中国社会科学，2014（3）：80-103.

［106］李廉水，鲍怡发，刘军．智能化对中国制造业全要素生产率的影响研究［J］．科学学研究，2020，38（4）：609-618.

［107］李秀芳，施炳展．中间品进口多元化与中国企业出口产品质量［J］．国际贸易问题，2016（3）：106-116.

［108］李亚波，崔洁．数字经济的出口质量效应研究［J］．世界经济研究，2022（3）：17-32.

［109］林季红．宏观商业环境与企业组织形式：丰田的例子［J］．世界经济，2002（1）：74-79.

［110］林竞君．网络、社会资本与集群生命周期研究——一个新经济社会学的视角［M］．上海：上海人民出版社，2006.

［111］刘海洋，林令涛，高璐．进口中间品与出口产品质量升级：来自微观企业的证据［J］．国际贸易问题，2017（2）：39-49.

［112］刘宏，张蕾．中国ODI逆向技术溢出对全要素生产率的影响程度研究［J］．财贸经济，2012（1）：95-100.

［113］刘维林，李兰冰，刘玉海．全球价值链嵌入对中国出口技术复杂度的影响［J］．中国工业经济，2014（6）：83-95.

［114］刘伟丽，陈勇．中国制造业的产业质量阶梯研究［J］．中国工业经济，2012（11）：58-70.

［115］刘晓宁，刘磊．贸易自由化对出口产品质量的影响效应——基于中国微观制造业企业的实证研究［J］．国际贸易问题，2015（8）：14-23.

［116］罗丽英，齐月．技术创新效率对我国制造业出口产品质量升级的影响研究［J］．国际经贸探索，2016，32（4）：37-50.

［117］罗勇，曾涛．我国中间品进口商品结构对技术创新的影响［J］．国际贸易问题，2017（9）：37-47.

［118］吕越，包雅楠．国内价值链长度与制造业企业创新——兼论中国制造的"低端锁定"破局［J］．中南财经政法大学学报，2019（3）：118-127.

［119］吕越，黄艳希，陈勇兵．全球价值链嵌入的生产率效应：影响与机制分析［J］．世界经济，2017，40（7）：28-51.

［120］倪红福，龚六堂，夏杰长．生产分割的演进路径及其影响因素——基于生产阶段数的考察［J］．管理世界，2016（4）：10-23.

［121］裴长洪．进口贸易结构与经济增长：规律与启示［J］．经济研究，2013，48（7）：4-19.

［122］钱学锋，王胜，陈勇兵．中国的多产品出口企业及其产品范围：事实与解释［J］．管理世界，2013（1）：9-27.

［123］邱斌，叶龙凤，孙少勤．参与全球生产网络对我国制造业价值链提升影响的实证研究——基于出口复杂度的分析［J］．中国工业经济，2012（1）：57-67.

［124］邵朝对，苏丹妮，邓宏图．房价、土地财政与城市集聚特征：中国式城市发展之路［J］．管理世界，2016（2）：19-31.

［125］沈国兵，于欢．中国企业参与垂直分工会促进其技术创新吗？［J］．数量经济技术经济研究，2017，34（12）：76-92.

［126］沈国兵，于欢．中国企业出口产品质量的提升：中间品进口抑或资本品进口［J］．世界经济研究，2019（12）：31-46.

［127］沈国兵，袁征宇．互联网化、创新保护与中国企业出口产品质量提升［J］．世界经济，2020，43（11）：127-151.

［128］沈鸿，向训勇，顾乃华．全球价值链嵌入位置与制造企业成本加

成——贸易上游度视角的实证研究 [J]. 财贸经济，2019，40（8）：83-99.

[129] 盛斌. 中国对外贸易政策的政治经济分析 [M]. 上海：上海人民出版社，2002.

[130] 盛丹，张慧玲. 环境管制与我国的出口产品质量升级——基于两控区政策的考察 [J]. 财贸经济，2017（8）：80-97.

[131] 施炳展，邵文波. 中国企业出口产品质量测算及其决定因素：培育出口竞争新优势的微观视角 [J]. 管理世界，2014（9）：90-106.

[132] 施炳展. FDI 是否提升了本土企业出口产品质量 [J]. 国际商务研究，2015，36（2）：5-20.

[133] 施炳展. 中国企业出口产品质量异质性：测度与事实 [J]. 经济学（季刊），2013，13（1）：263-284.

[134] 苏丹妮，盛斌，邵朝对. 产业集聚与企业出口产品质量升级 [J]. 中国工业经济，2018（11）：117-135.

[135] 苏杭，李化营. 行业上游度与中国制造业国际竞争力 [J]. 财经问题研究，2016（8）：31-37.

[136] 苏庆义，高凌云. 全球价值链分工位置及其演进规律 [J]. 统计研究，2015，32（12）：38-45.

[137] 孙楚仁，于欢，赵瑞丽. 城市出口产品质量能从集聚经济中获得提升吗 [J]. 国际贸易问题，2014（7）：23-32.

[138] 孙健，文雯，袁蓉丽，等. 上市公司委托理财与盈余波动性 [J]. 中国软科学，2016（6）：98-109.

[139] 孙菁. 我国深度嵌入全球价值链对行业技术进步的影响研究 [J]. 经济体制改革，2020（2）：105-111.

[140] 孙林，卢鑫，钟钮. 中国出口产品质量与质量升级研究 [J]. 国际贸易问题，2014（5）：13-22.

[141] 孙学敏，王杰. 全球价值链嵌入的"生产率效应"——基于中国微

观企业数据的实证研究［J］. 国际贸易问题，2016（3）：3-14.

［142］唐海燕，张会清. 产品内国际分工与发展中国家的价值链提升［J］. 经济研究，2009，44（9）：81-93.

［143］唐青青，白东北，王珏. 人工智能对出口产品质量促进的异质效应与影响路径［J］. 现代财经（天津财经大学学报），2021，41（12）：94-110.

［144］唐宜红，张鹏杨. 中国企业嵌入全球生产链的位置及变动机制研究［J］. 管理世界，2018，34（5）：28-46.

［145］田云华，周燕萍，邹浩，等. 人工智能技术变革对国际贸易的影响［J］. 国际贸易，2020（2）：24-31.

［146］汪建新，黄鹏. 信贷约束、资本配置和企业出口产品质量［J］. 财贸经济，2015（5）：84-96.

［147］汪建新. 贸易自由化、质量差距与地区出口产品质量升级［J］. 国际贸易问题，2014（10）：3-14.

［148］王珏，唐青青. 西部地区贸易上游度测算研究：20 年结构演变［J］. 统计与信息论坛，2020，35（10）：111-118.

［149］王明益. 中国出口产品质量提高了吗［J］. 统计研究，2014，31（5）：24-31.

［150］王涛生. 中国出口产品质量对出口竞争新优势的影响研究［J］. 经济学动态，2013（1）：80-87.

［151］王玉燕，林汉川，吕臣. 全球价值链嵌入的技术进步效应——来自中国工业面板数据的经验研究［J］. 中国工业经济，2014（9）：65-77.

［152］王钺，刘秉镰. 创新要素的流动为何如此重要？——基于全要素生产率的视角［J］. 中国软科学，2017（8）：91-101.

［153］席艳乐，贺莉芳. 嵌入全球价值链是企业提高生产率的更好选择吗——基于倾向评分匹配的实证研究［J］. 国际贸易问题，2015（12）：39-50.

［154］席艳乐，胡强. 企业异质性、中间品进口与出口绩效——基于中国企

业微观数据的实证研究［J］. 产业经济研究，2014（5）：72-82.

［155］谢建国，章素珍. 反倾销与中国出口产品质量升级：以美国对华贸易反倾销为例［J］. 国际贸易问题，2017（1）：153-164.

［156］谢杰，金钊，项后军，等. 外部收入冲击、产品质量与出口贸易——来自金融危机时期的经验证据［J］. 财贸经济，2018（5）：113-231.

［157］谢靖，王少红. 数字经济与制造业企业出口产品质量升级［J］. 武汉大学学报（哲学社会科学版），2022，75（1）：101-113.

［158］熊杰. 中国出口产品质量测度及其影响因素分析［D］. 杭州：浙江大学，2011.

［159］许和连，王海成. 最低工资标准对企业出口产品质量的影响研究［J］. 世界经济，2016（7）：73-96.

［160］许晖，薛子超，邓伟升. 企业知识向营销动态能力转化机制——宏济堂与天士力双案例对比研究［J］. 经济管理，2018，40（6）：115-133.

［161］许家云，毛其淋，胡鞍钢. 中间品进口与企业出口产品质量升级：基于中国证据的研究［J］. 世界经济，2017，40（3）：52-75.

［162］许家云，你家栋，毛其淋. 人民币汇率、产品质量与企业出口行为——中国制造业企业层面的实证研究［J］. 金融研究，2015（3）：1-17.

［163］姚洋，张晔. 中国出口品国内技术含量升级的动态研究——来自全国及江苏省、广东省的证据［J］. 中国社会科学，2008（2）：67-82.

［164］姚战琪. 数字经济对我国制造业出口竞争力的影响及其门槛效应［J］. 改革，2022（2）：61-75.

［165］叶建平，申俊喜，胡潇. 中国 OFDI 逆向技术溢出的区域异质性与动态门限效应［J］. 世界经济研究，2014（10）：66-72.

［166］衣长军，李赛，张吉鹏. 制度环境、吸收能力与新兴经济体 OFDI 逆向技术溢出效应——基于中国省际面板数据的门槛检验［J］. 财经研究，2015，41（11）：4-19.

［167］殷德生．中国入世以来出口产品质量升级的决定因素与变动趋势［J］．财贸经济，2011（11）：31-38.

［168］余淼杰，袁东．贸易自由化、加工贸易与成本加成——来自我国制造业企业的证据［J］．管理世界，2016（9）：33-43.

［169］余淼杰，张睿．中国制造业出口质量的准确衡量：挑战与解决方法［J］．经济学（季刊），2017（1）：463-484.

［170］张方华．网络嵌入影响企业创新绩效的概念模型与实证分析［J］．中国工业经济，2010（4）：110-119.

［171］张杰，翟福昕，周晓艳．政府补贴、市场竞争与出口产品质量［J］．数量经济技术经济研究，2015（4）：71-87.

［172］张杰，郑文平，翟福昕．中国出口产品质量得到提升了么？［J］．经济研究，2014，49（10）：46-59.

［173］张明志，铁瑛．工资上升对中国企业出口产品质量的影响研究［J］．经济学动态，2016（9）：41-56.

［174］张璇，李子健，李春涛．银行业竞争、融资约束与企业创新——中国工业企业的经验证据［J］．金融研究，2019（10）：98-116.

［175］章璐．中国出口产品质量的测度与分析［D］．杭州：浙江大学，2010.

［176］章韬，卢晓菲，沈玉良．全球价值链嵌入位置、出口目的国与出口产品复杂度［J］．世界经济研究，2016（9）：29-47.

［177］赵伟，古广东，何元庆．外向FDI与中国技术进步：机理分析与尝试性实证［J］．管理世界，2006（7）：53-60.

［178］钟腾龙．外部需求与企业出口产品质量［J］．中南财经政法大学学报，2020（1）：147-156.

［179］朱世婧，张贵．"双循环"视角下价值链位置与企业创新［J］．科技管理研究，2022，42（4）：11-19.

后　记

　　本书是基于我的博士论文修改完善而成的，在即将付梓之际，不由得回想起博士期间的求学经历，其间有迷茫、无力、失望和焦虑，也因此更加地坚韧、执着、一往无前。如今，心中所想唯有对过去选择的庆幸和无尽的感恩。

　　感谢我的导师王珏教授对我的悉心教导和爱护。本书的顺利出版离不开王珏教授的悉心指导，从选题、撰写到最后的修正，无不灌注了导师的心血。同时感谢白东北师兄，他用直接而又有力的方式教会我数据软件的应用及数据的处理。并且在我前期学术水平不足的情况下，带我参与论文写作，对我的文笔进行一字一句精细纠正，使我的科研能力获得巨大进步。

　　感谢我的家人，在我的求学道路上家人的关心与爱护带给了我巨大的力量。父母给了我一往无前的勇气，也给了我抚慰心灵的港湾，我取得的任何成就都离不开父母、兄嫂的支持，愿他们生活美满安康。

　　在本书出版过程中，得到了河南财经政法大学国际经济与贸易学院的资助，在此深表感谢，同时还要感谢经济管理出版社为本书的顺利出版保驾护航。

　　科研之路永无止境，我将永怀谦恭与严谨之心，不负学校培养、朋友鼓励和家人支持，竭力实现自己的价值。

唐青青

2024 年 6 月于建树楼